大台北公路車深度旅行

探路台北

Exploring Taipei

台北

退休才開始騎自行車的中年社長
如何找回健康並認識家鄉

陳穎青(老貓)——著

目錄

第０章　運動型單車入門

第 1 章　整個台北都是我的博物館

第 2 章　地理決定論

第 3 章　時代的輪跡

第4章　江山如畫

第5章　追風探路

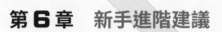

第 **6** 章　新手進階建議

附錄

各界好評

還記得剛接觸單車時一竅不通，但卻充滿熱忱想好好培養騎車的習慣，從選擇適合自己的車、了解裝備和各項單車相關知識，都是初學者必備的路程，相信此書能夠帶給有興趣踏入單車運動領域的人，更多方向及動力！

—— Claire C.｜運動物理治療師

騎單車是認識大台北最好的方法，如果你會騎單車卻只騎河濱公園就太可惜了，讓這本書開闊你的單車視野。

—— Ken Lee｜民視英語新聞主播

單車旅行重新打開感官，踏著舒適的迴轉速，把大台北從地理、歷史和人文深入地了解一番。

——一輪｜YouTuber、一輪的運動日常 elun_fitnesstw

老貓騎公路車探險大台北的描述，總能深刻的吸引我，彷彿自己也到了那裡。那些既遠又近的祕境，永遠會是我下一趟要安排的行程。

——宋政坤｜秀威資訊總經理

讀通一卷書，騎行暢遊萬里路！

——邱振訓｜自由譯者

這是一本兼具感性和理性、常識與知識，值得細細品味的書！

——徐正能｜雲豹自行車品牌創辦人、
台灣樂活自行車協會理事長

跨上單車，穿梭在大台北實境博物館，了解當地的人文、水文、地

理、風土、典故；每週六還有創辦人兼館長親自導覽，每條路線就是一個大展場，沒有比這更愜意的了！

——周昕顥｜數據分析新創公司研發處長

這不是普通的單車書，甚至也不是普通的鄉土教材；本書介紹的大台北是另一種層次，一種搞懂這塊土地跟這個時代的連結的寫作。讓我們從時代的軌跡理解當下的現實。充滿了醍醐灌頂的感覺。

——高嘉鴻｜彩光療者

用騎乘認識城市的感覺很棒，並且一舉數得，不光只是騎乘而已。騎乘自己精心規畫的路線，更是搖滾。規畫單車騎乘路線，其實是件吃力不討好的事，謝謝老貓這種「享受自己的光，並分享給別人的人」。

——郭小詩｜單車愛好者

原來在台北騎車可以到海邊到山上看古蹟訪歷史，我會帶著這本書，按圖索驥，單車探訪大台北。

——野島剛｜資深媒體人、作家

老貓教人出版時字字珠璣，教人騎車時也是。

——張正｜燦爛時光東南亞主題書店負責人、師大地理所

用單車旅行，去挖掘不同歷史文化層面的台北山水城，讓人從不同的角度漫遊城市。

——謝亞南 YANA ｜運動旅遊規劃師

這本書讓人有探騎、知騎、行騎、馳騎、樂騎的魅力。

——華國玉｜聯合線上融媒體事業部副總監

謹以此書紀念我的父母

陳玉霖先生
鄭玉珠女士

迷人的騎車新天地

文／莫昭平

（《Openbook 閱讀誌》理事長、前時報出版公司總經理）

　　外號「老貓」的陳穎青是一介奇男子，他總是不斷開出令人驚奇驚喜驚歎連連的一朵朵奇葩。

　　超有才華、超認真、超熱心、超堅持、超能幹，超有方法的老貓，卻也超偏執、超龜毛，有時更不免丫霸、剛愎。也許是這樣，才會生出「周周來騎車」這樣有特色的車隊，以及這本橫空出世的書《探路台北──大台北公路車深度旅行》。

　　知名的「矽谷之父」──前英特爾 CEO 安迪·葛洛夫有句名言：「唯偏執狂得以倖存」（ Only the paranoid survive），固然所言不虛，但我覺得，「唯偏執狂得以成功」（Only the paranoid succeed），才更足以形容老貓赤手空拳開創的一片璀璨天地。

　　老貓總是做什麼像什麼。

　　退休前，他是華文出版界一哥，身為貓頭鷹出版社的總編輯和社長，出版了無數知識類好書，工作之餘專心研究出版相關事項，不論出版流程的上中下游、趨勢潮流、淵源演化、理論與實務、國內及國際出版概況……無不追根究柢，透徹研

究，遂成兩岸首屈一指的出版研究專家，不但開課、演講、寫稿的邀約不斷，更出版了《老貓學出版》一書，成為華文出版界人手一冊的教戰聖經。（多麼榮幸，我是這本書的出版者！）

退休後，他莫名迷上騎車。從素人開始，自學鑽研，天天苦騎，練腿力和技巧，同時也不斷踏查。他不但掃遍台北市區巷弄，更踏遍大台北山巔水湄。勤奮過人加上天賦過人，他很快成為單車高手。然後，自己好還不夠，他更成立「周周來騎車」社團／車隊，要大家都好。他的獨特風格吸引了無數死忠粉絲，貓粉迄今已近二千五百人，成為江湖中獨門一派的教主。

這位教主把騎車發展成一門藝術，騎車不再是單純的運動、競技或娛樂，而開始具備了人文歷史、風土人情和自然地理的縱深和廣度。騎車融合了文青知性魅力和體魄及膽識的鍛煉，迷人極了。

老貓「有教無類」，但對信眾總是「愛之深，責之切」，他不斷訓勉大家走出舒適圈，持續精進和提升，騎車才會更上層樓，樂趣無窮。

二〇二〇年五月我第一次報名「周周來騎車」的「河濱車道左岸右岸跳島攻略」約騎，立即深深著迷。老貓親自領騎，帶著我們在新店溪、大漢溪、淡水河、基隆河的左岸、右岸來回穿梭，總共跨越了十一道橋，上下十一條引道——中山橋堤防、大直橋、外雙溪、洲美橋、社子大橋、關渡大橋、成蘆橋、重陽橋、台北橋、重翠大橋和華江橋，七小時多總共騎了

七十三公里，好過癮！（註：經過兩年半，老貓已把這條路線增加至十四道橋。）

　　學歷史的老貓儼然一部百科全書，他適時解說導覽，讓往常單調的埋頭苦騎或走馬看花生動活潑起來，讓歷史名詞和地理名詞變成了生活名詞，讓你覺得和這塊土地無比親近又親切，讓你知其然更知所以然，例如那次河濱跳島騎行中，三腳渡和天德宮的故事，以及關渡宮和媽祖的故事……，車友們曾多少次騎經關渡宮，從不曾入內駐足，天德宮更是屢屢騎經卻視而不見。他也告訴我們大直橋上最宜觀日落、重翠橋上最宜賞日出……。橋上涼風習習，視野遼闊，橋下流水潺潺，安詳寧謐，駐足安靜欣賞，真是心曠神怡，舒暢無比。

　　我的職業病立時發作，當場就跟他邀約書稿。

　　這個車隊的活動都很有創意，例如河濱跳島攻略、穿梭北投三百年、三峽之旅、老樹之旅、大台北地質簡史、慢遊鶯歌、淡水金色海岸、石碇千島湖、鐵馬畫出萬神殿……，每次活動一個月前公布即告秒殺。

　　車隊紀律嚴明，每月四至五次活動，分成不同的等級：新手級、普遍級、輔導級、挑戰級和冒險級，每次活動限制報名人數二十人，準時集合和出發、逾時不候。每次騎行，領騎會指定「押隊」和「交管」（遇岔路時指揮交通），隊友相互鼓勵、合作無間。

　　車隊的活動老少咸宜，參加者從九歲到七十幾歲，個個騎得盡興、聽得入神、吃得津津有味！

　　老貓最厲害的，除了適時解說導覽，就是對隊友的魔鬼

訓練了——他自創循序漸進的三十級訓練法，成效卓著。最驚人的是，曾在半年之內，把一群熟齡女子，從完全不運動的菜鳥，歷經幾十趟崇德街、上百趟貓空的特訓之後，蛻變成為平路時速二十公里以上、爬坡能攻「劍中劍」、「風櫃嘴」、「冷水坑」……，以及沒路的時候立馬能扛車的女中豪傑！

除了訓練車友，老貓更致力培養領騎，開辦一系列的領騎課程——他的終極願景，是要把「周周來騎車」變成「天天來騎車」！

「周周來騎車」所有的約騎，都是完全免費參加的！車友只需事先報名，並於活動結束後在自己臉書上發布騎車感想就行了。「周周來騎車」網站也是完全免費的，從網站建置、車隊／社團內的資料、文件編排，到約騎行程前前後後的規畫和打點，每一件事老貓都付出了無數心血！

老貓果然不負我的邀稿和催促，經過三年的潛心寫作、修改和調整，終於交出重量級的書稿給我的老東家時報出版。以這本《探路台北——大台北公路車深度旅行》的豐富、實用、獨家資訊和含金量，當是車友人手一冊的騎乘聖經。

最難得的是，老貓毫不藏私，書中完整又有系統地公開了他騎車十年以及經營「周周來騎車」的獨家秘技和心法。其中最厲害的，當然是他用心騎車踏查十年，把整個大台北的壯麗、多元和深邃，全面融會貫通和整合，所規畫的數十條黃金路線。迥異於一般騎車路線，這些路線都是老貓親自無數次探查，所開發的獨家秘徑和最佳俯瞰點，每每需要扛車、騎礫石路或爬上一段段陡坡，方得進入。老貓並且詳盡導覽每條路線

的風土人情和自然的故事，當然，在地美景和美食也沒有遺漏。

據知，老貓規畫一條包含人文史地的路線，要花三到五年之久，真不能不令人敬畏和感動，而老貓十年的踏查過程中，也常發現許多不為人知的古跡和墓園，從而發掘了許多湮沒的歷史，以及許多大台北最佳俯瞰點！

這些路線從入門、進階、挑戰到冒險級，有著不同的主題，車友可根據自己的腳力循序漸進，擇其所愛。

車友平常騎乘，可以選擇書中的某條路線，讀完書中的解說導覽再出門，那就仿彿老貓在你身邊親自向你娓娓道來──如果剛好有緣參加到老貓的當次領騎就更棒了。車友也可以結束某條路線的騎乘後，再次詳讀重溫書中的解說導覽，就會更深入了解，更加興味盎然。

二〇二二年十一月，我參加了一個十二天的「單車環騎美麗寶島」，走了全台許多美麗秘境，也吃了許多在地美食，深深覺得，如果有類似這本書的相伴，甚或老貓親自解說，那就完美到極致了！！！

真心鄭重推薦老貓這本《探路台北──大台北公路車深度旅行》，並期待老貓繼續書寫和出版《探路中部》《探路南部》《探路東部》……，這當是全台車友最大的幸福吧！

十年磨一劍——
老貓的山水台北城單車地圖

文／孫曼蘋（國立政治大學新聞系兼任教授）

　　單車達人老貓騎車十年，騎遍大台北所有單車及扛車能及之處，終於出了這本山水台北城的單車地圖書，其精細打磨之過程不下於一般博士論文著作，真的是十年磨一劍。

　　老貓在臉書上成立多年的「周周來騎車」虛擬社團（以下簡稱「周周」），以及（疫情前）每個週六安排實體單車約騎活動是這本單車地圖書的原型。我是這個原型的「白老鼠」，從單車白痴、正式買車、練車、騎車全台灣走透透，從如何更新零件、拆前輪、換車胎到怎樣避免摔車等等，「周周來騎車」裡老貓累積寫就的參考指引及車隊裡的單車達人志工就是我主要的諮詢來源，我應該也是這地圖書原型的一個忠實實踐者。

　　我的單車車齡至今剛滿三年。二○一九年十一月，我買進了生平第一台腳踏車；十二月中旬起，參加老貓及多位單車達人輪流安排及領騎的「周周」車隊，跟騎幾次後，有一天我忽然覺悟到：原來在台灣騎車就是要能以公路車騎上抖陡的山坡路。

　　二○二一年九月，靠著電輔車加持，我縱剖中央山脈，

騎上了台灣公路最高點、海拔三二七五公尺的武嶺。距離我上一次訪中橫是二十年前九二一大地震後，去做災後重建的田野調查。

二〇二二年十一月，騎著我的第二台公路車，先上新北瑞芳的無耳茶壺山，覺得自己來到了天涯海角，再上有北台灣小武嶺之稱的不厭亭，群山環抱、山海相依相戀的美景，讓我陶醉良久。

有幸領先看完老貓這本單車書，再回首我的單車來時路，我驚訝地發現，我對騎車這件事的認知及實踐過程，原來就是依本書第〇章及第六章所述照表操課而來，我可算是老貓單車主張及闡述的一名深度受惠者。

對單車生手而言，這本書就是一個務實可行、可以信賴的品牌，足以將生手從門外帶進門內。

新冠疫情前，就我能力能及，我幾乎參加「周周」的每次約騎，平時也儘量書寫騎車日誌分享於「周周」臉書，這樣的牽絆之情固然是因這個社團及車隊能快速提升我的騎車膽量及技能，另一原因是我（及許多周周車友）很欣賞認同老貓的騎車哲學：騎車不是為攻頂、創／破個人紀錄，而是為更認識我們生長／生活的家園而騎；騎車或許是認識自己及周遭環境的另一個更佳方式或工具。

老貓從事出版業經營管理經年，很擅於包裝行銷在地文史／自然知識於單車騎行中。「周周」每一次約騎活動一經公布，幾乎都是秒殺額滿，騎行活動熱銷搶手原因之一在於，老貓規劃／領騎的騎程，除有技能／體能的學習與挑戰外，更有

因他融會上下古今、天文地理人文無所不包的在地文史導覽及解說，這些關於大台北城鄉小鎮小村的在地故事，我們幾乎都未聽聞過，或只是一知半解、略知皮毛而已，跟著周周車隊有騎有聽有長進，身心都暢快充實。

老貓領騎車隊，大多是先爬段幾公里長的長緩坡，來到半山腰有俯視景點的一座廟宇前，把車友們安頓在他早在踩線時就相中的大樹下，就著拂面清風，然後聽老貓開講，講山、講水、講廟、講樹、講漳泉勢力消長、講某個河川小鎮千帆過盡後的沒落……，聽得大伙兒如醉如癡，決定下次還要再來跟騎。老貓騎車的註冊商標就是爬坡（很多是墳場墓地，卻也是最佳俯視點）、扛車、長長的在地文史及自然地理故事。

老貓講古論今，搜集與參閱的書籍很多、材料豐富，但有時故事細節多，資訊密度大，車友聽眾不免偶有失神一下、就跟不上故事情節了。現在，老貓把他曾經口說的大台北在地故事以書籍形式更系統、更有邏輯脈絡的書寫出來，我很高興，以後我可以反覆查閱、咀嚼、回味好些在騎車現場聽得不夠深刻、來不及記憶的故事，也可以先在家閱讀神遊、更具體想像基隆河一堵到八堵、九彎十八拐的妖嬈迴轉模樣，這樣到了現場，就不會抱怨基隆河濱自行車道的曲折難行了。

關於騎車的知性感性認知，這本書裡都有了，知性章節可以快速翻閱，重點在要反覆到現場去實踐、檢驗；感性章節可以慢慢看，像背字典生字那樣隨手翻來、一看再看。

現在劍已磨成，就等讀者來拔劍出鞘了。

▍體例
本書使用的體例

本書內容體例說明如下：

一、路線分級

本書行程依難易程度分為四級：

◎**第一級**，河濱級，除了過河引道之外，沒有其他坡道的平路行程。

◎**第二級**，小坡練腿級，新手練坡行程，需要崇德街（☞ 52_1）不落地實力。

◎**第三級**，勇腳運動級，勇腳行程，需要風櫃嘴不落地實力。

◎**第四級**，艱難挑戰級，艱難行程，需要大屯山助航台不落地實力。

二、本書所說的單車是指「運動型單車」，其中主要以公路車為主（公路車介紹請看☞第○章）。

三、本書用經緯度座標（如 25.064585, 121.437208）標示相關訪點的精確位置，只要把數值輸入古哥地圖搜尋框，古哥就會用圖釘顯示該座標所在。

四、本書慣用龍邊、虎邊標示左右方位，這是傳統寺廟以神明為主體的方位系統，左青龍，右白虎；左為龍邊，右為虎邊。

五、為省篇幅，不同路線行經相同訪點，就不再重複解說，改用參照符號☞標示前面已經解說的章節（如見☞ 52_1，代表第五章第二條路線裡面的第一小節）。

六、怎樣使用這本書：新手讀者請先閱讀第○章和第六章。老手可以自由選擇，整本書所規畫路線都可以任意挑選騎行，難度會在各路線中說明。艱難級路線不見得一定要一天內騎完，大台北路線的好處，是到處都是撤退點，隨時可以打道回府，下次接續；本書路線的規畫是為了讓主題完整，不是為了挑戰體能。

如果你想運動，這是一個同時鍛鍊肌肉和大腦的邀請

　　我在古亭區住了快三十年，每個上班日都要穿越和平東路去公司，雖然走了幾千遍，但我想我從未真正「看過」和平東路；因為有一天，不知道為什麼，我忽然看到和平東路兩排行道樹開了滿滿的白色奶瓶刷。

　　我知道那些樹皮斑駁剝落的行道樹叫白千層，但我從來不知道白千層會開花，也不知道它們一年會開好幾次，更不知道其實整條和平東路滿街都是。它們在我眼前開謝了二十年，而我始終看不見。直到那年。

　　那一年的「看見」震驚了我，我的人生裡還有多少東西是視而不見的呢？此後我開始在自己住的城市打開探索的雷達，像異地到訪的旅客一樣，對自己居住的城市到處張望，凡事保持好奇。觀光客需要花許多錢才能在台北住幾天，我們不必額外的花費就能一直住下去，為什麼要浪費這個優勢呢？每當出國，我們會打開好奇的雷達，看什麼都有趣，為什麼在自己家鄉卻把這個雷達關上呢？我開始了開啟雷達在台北到處行走的時光。

　　走了一年之後，YouBike 微笑單車（我稱它「悠拜」）正好擴大試點，我騎了幾趟就深深感受到單車的魅力，它的速度

介於汽車和走路之間，它的行動半徑可以超過走路好幾倍，但它的機動靈活又讓你跟所有觸動你的景觀、地點、生態沒有阻隔。停車拍照，停車欣賞，說停就停。如果你開車，一方面你看不見低速度下的城市紋理，二方面你到任何定點都要先找車位——車位變成行動自由的阻礙，沒辦法像騎單車一樣說走就走。

我的單車旅行生活就這樣展開。旅行不需要遠征歐美，或者一定要環島才能開始。每天出門換一條路上下班，就可以是在城市中的旅行。我開始用掃街的方式騎車，任何沒騎過的路線都去試一試，任何小路、巷弄、分岔，任何古哥地圖（Google Map）上畫出來的山徑或步道，都會留下我探路的痕跡；任何奇怪或不奇怪的景象，我都去查看，找資料去解釋它出現的理由——我開始想辦法去挖掘過去我總是看不見的風景，注意尋常事物後面會不會有獨特的脈絡可供探詢。

旅行如果不知道這個地方因何而起，因何而落，不知道這裡的物產、風土、自然史，與先民經歷過的光榮與創傷，那麼旅行何曾是旅行？行萬里路又何曾勝讀萬卷書呢？

悠拜騎了三個月，我就買了小摺，小摺騎了兩年，我就換了公路車。我開始有意識地鍛鍊腳力，騎車的半徑越來越遠，爬上的海拔越來越高，幾乎踏遍了大台北山巔水湄，所有單車能到的地方；甚至單車不能到的，偶爾我也會扛車去探一探（☞見第五章）。

我因此認識了很多地點，知道了很多過去不曾費心理解的鄉土知識，但心裡一直還有遺憾，就是我找不到一個方向描述

所有這些路線代表的意義。有些路線有風景，有些有文史，有些有地理意義⋯⋯但它們合起來可以有更深刻的價值嗎？我的苦惱在全世界鬧起瘟疫的第一年出現了曙光。

二〇二〇年我開始在關渡生活、探路，關渡是單車客的天堂，氣候乾燥，山水匯集，水邊直接連通雙北的河濱車道，山路往北投可上陽明山，過關渡橋可上觀音山，而就是在觀音山的半山上，我發現了過往所走過諸多路線最完整的總括──山水台北城（☞ 21）。山水是台北的風光，更是台北誕生的自然條件，山水可親，台北城可憑弔。在關渡，我可以從十六萬年前古台北堰塞湖的決口開始，一路講到一六九七年郁永河記

每天清晨太陽剛爬上地平線時，台北盆地因為四周山頭阻隔，陽光被遮擋，盆地內彩度消失，這一瞬間是台北的水墨時刻。

錄的甘答隘門，以及一九六三年炸毀獅子頭隘口導致大台北水文大變，牽動了整個大台北的防洪計畫。

　　我終於覺得應該用一本書寫下我所學到的這一切。這本書就是十年來上山下海探路，動手動腳求知所完成的紀錄。路線可能跟大部分人熟知的單車路線非常不同，它們不是貓空、風櫃嘴、冷水坑那樣的傳統路線，而是把每個地點編入一個主題，用主題來決定路線，用路線來認識自己所住家鄉的本地「踏查」（腳踏車也是「踏」）。在這本書裡，你會騎過台北城的興亡，淡水河的史詩，劉銘傳的遺澤，北投的三千萬年滄桑，大台北的歲時、風水、自然等等，不一樣的單車之旅。

　　整個台北就像一座充滿寶藏的博物館，每次在雙北探路，我都在思考眼前所見的地點、風貌，跟其他地方有什麼關連；有什麼更大的脈絡可以把他們串連起來嗎？有特別的故事線讓我們進入歷史的大河嗎？每個地點就像博物館中的館藏，而每個行程就是不同的策展。每次帶著車友走訪這樣的旅程，總會看見大家的興奮與激動，覺得收穫飽滿──希望這些旅行化成紙本以後，讀者也會有相同的感受。

　　本書所說的單車，我稱之為「運動型單車」；運動單車愛好者有很多類型，有些人喜歡挑戰自我，不斷追逐武嶺、雙塔、神掌等各種艱困行程；有些人偏愛尋訪祕境、美景，定時送上迷人攝影；對我而言，單車則是挖掘意義，理解本土，融合體能與智力的綜合活動，既可以達成健康的需求（我現在的身體狀況可能是當兵以來最好的了），又可以鍛鍊大腦避免老年癡呆（見第○章 ☞ 05），還可以到處遊山玩水，簡直沒有

比騎車更完美的運動了。

　　台灣做的單車調查，若問騎士最想去騎的地點，多半都是花東、日月潭、屏東、台南、嘉義，而不會有人想到台北。這真的太可惜了。希望這本書能改變這種情況。不管你想在雙北騎一天、兩天或三天，本書都有專門為中南部車友打造的精華行程，帶你快速認識大台北的壯麗、多元與深邃（☞ 42）。我甚至還專門為外國車友規畫了一條路線，讓他們可以領略台北的文化風采（☞ 43。這條路線我覺得很不錯，本地車友其實也可以騎一遭）。或者就算你已經在大台北騎車十年了，我相信這本書還是可以給你新的激盪，從不同角度認識自己居住的城市。

　　單車讓我重新「看見」了這個我住得最久的地方，也讓我重新獲得健康，我希望能把這個喜悅獻給單車路上同行的朋友，以及，正在為健康苦惱的你。

第 **0** 章

運動型單車入門

大部分人國小就會騎單車了，還有必要再寫「單車入門」這種章節嗎？

有的，非常有必要。

因為照這幾年實際帶新手團的經驗，我很驚訝地發現絕大部分剛進入「運動型」單車的車友，都、不、知、道、怎、樣、騎、單、車——不知道怎樣騎得有效率，保護膝關節不受傷，並且真正對健康有幫助。

騎上運動型單車之前你應該知道的 30 件事

「運動型」單車，指的是公路車和登山車等車種，這種車跟多數人從小習慣的淑女車、菜籃車、悠拜或都會通勤車等「生活型」單車，在用途、用法上有非常明顯的不同。同樣是單車，兩者使用目的不同，車廠設計的著眼點也不同，因此騎車的姿勢、技術、環境和強度也大不相同，甚至騎車的心態也不一樣。它們真的是兩個世界，兩種不同的騎車小宇宙，買車之前最好先理解什麼是運動型單車，應該怎樣選擇。

▎ 01 運動型單車的類型和選擇

單車旅行，即使只是周末騎、單日來回不過夜的行程，你仍然需要一台有別於普通淑女車、菜籃車的單車，要比買菜車性能更好、可靠性更高一點的；不是為了讓你拚速度，而是為了讓你可以用比較可靠、好騎的車子應付多變的路況。

運動型單車大體上分為兩類，一是公路車，專門跑公路

的，一是登山車，專門跑山野林道的。

很多入門者一開頭都會被公路車那細窄的輪胎嚇到，直覺就會去買登山車，以為那樣比較安全。不幸這通常是錯誤的選擇。

我很少，應該說從未，看過新手一入門就立志要騎山林野地碎石泥路，絕大部分人騎車想的都是騎正常公路，有瀝青鋪面，有養護單位定期維修的那種。騎正常公路你需要的車就叫做公路車（平把或彎把都有），不管是騎到陽明山還是武嶺，都應該選擇公路車。

台灣慣稱的登山車，反而不是用來爬山的，是用來越野、走山林野地或原始林道用的（所以稱為越野車比較精確）。這兩種車是依照路面平整程度而區分不同用途，「登山車」的名稱很容易讓人誤會以為爬山要用登山車，但登山車因為比較重，爬坡反而比公路車累。

用公路車騎在公路上才能享受騎車的快樂。不然你會一直疑惑，為什麼你也努力練車，但跟團出騎總是看別人騎得輕鬆，自己卻累得半死——因為你選了登山車，光車重就比別人多了五到十公斤啊。

大部分進入運動單車的入門者都應該買公路車，或者最近幾年全世界開始流行的的「礫石車」。礫石車基本上也是公路車，但它能支援寬胎，因此除了一般馬路，也能走碎石路面，這就是它為什麼叫礫石車的由來。如果你擔心公路車那細細的外胎太不安全，那麼礫石車會是你的好選擇。

新手如果要買車

新手買車不見得要買最高級、最昂貴的車，因為你沒什麼騎車經驗，不曉得運動單車的世界如此多元，而你不曉得自己最後會愛上哪種類型的騎車路線。不管是平路衝刺、爬坡越嶺、崎嶇林道、長途旅行，還是挑戰各項比賽，市面上都有符合特定需求的車種供應，有人會獨沽一味只買一種特定用途的車，有人會為每種需求買下不同專用車，一個人好幾台，有人則會尋找綜合性車種，兼顧各種需求（詳見下節☞ 0_02）。

但你在開始騎車的前幾年，應該是還不知道自己到底喜歡騎哪一種道路。因此新手最適合的車種其實就是入門級車款，例如捷安特的 ESCAPE（男款）或 ALIGHT（女款）。這兩款都是平把鋁架車，耐摔耐撞，泛用性高。除了車重以外，齒輪比設計特別適合新手爬坡，騎起來非常輕快。還有貨架鎖孔，你要裝貨架變成環島車或平日用來買菜都沒問題。而且它便宜，丟了也不會太心疼，騎這種車心理壓力小，更容易享受單車帶來的自由與暢快。

等你騎了兩年，經驗豐富了，想清楚自己的騎車需求了，這時再依照需求去選車，才會買到最適合自己的車。買車跟買衣服一樣，除了漂亮，還有功能的一面（夠保暖嗎？能排汗嗎？）；車子有尺寸，大小不合騎起來會很痛苦；車款有特別針對的特性，爬坡型、飆速型、長途耐力型、越野型、鐵人比賽型等等，你不曉得自己的偏好，選錯的機率很高。買車絕對不是看預算、越貴越好，或者越輕越好（其實越輕就越貴），

絕對不是。

▎02 怎樣用一台車走天下

運動型單車為了配合競技比賽，分化出許多特化的車種類型，有低風阻適合平地競速的空力車，有輕量高剛性適合爬坡的爬坡型公路車，有適合長途、強調舒適的長途公路車，也有強調裝載適合環島多日旅行的旅行車等等。

但對普通業餘愛好者而言，我們一不參加比賽，二騎車不會只有一種用途，不可能今天想環島就去買一輛環島車，明天想走平路就買空力車，後天要騎山路怎麼辦？

所以最可行的辦法就是找一台車，具有多功能用途，可能什麼場合都不是最頂尖的，但什麼場合都可以騎上場，有基本的性能，騎起來足夠輕鬆。真有這種泛用型的單車嗎？還真的有。

這幾年流行的礫石公路車為什麼會在市場上受歡迎，原因就是因為礫石車的泛用特性。比公路車略長的車架，加上寬胎支援，配合顛簸路面的減震設計，許多車廠還會在前後叉增加貨架鎖孔，這樣一台適用多種路面，可以對應多種用途的單車就出現了。

以本書的主要路線規畫而言，礫石車是最適合的車種。翻山越嶺，顛簸道路，偶爾需要扛車，但最主要還是在標準公路上通行，礫石車剛好都能滿足這些需求。（但你如果立志要練車去比賽，礫石車就不會是最佳選擇。）

如果你還想越野

如果你買了礫石車，希望能穿山越野，跑多種路況，可以考慮把外胎調整為「前寬後窄」的配置。這樣既可以跑標準公路，也可以跑碎石路面（當然有樹根的越野林道還是不行）。

一般說來，公路車用細胎（28mm 以下），越野車用寬胎，理由是細胎滾動阻力小（目前業界最新測試 25~32mm 之間的胎寬，滾動阻力較小），跑公路比較快，而寬胎呢，抓地力高，碰到越野地形比較不會打滑。

但有些人就是會有特別需求，需要搞不同配置，譬如我的需求是常常會跑公墓野地，但日常主要行車還是在普通公路。這樣我就想要一種跑公路有效率，又兼容跑野地不易打滑的輪胎設定。

我的雲豹越野型公路車架，安裝了前寬後窄的外胎，車首相機包放單眼相機隨時捕捉珍貴鏡頭，加裝的前貨架掛上馬鞍包就可以出門走三、四天的小長途。

有這種設定嗎？是的。我的作法就是用「前寬後窄」的外胎配置，前 35mm，後 28mm，前寬後窄。

為什麼不是前窄後寬呢？原因是前輪是負責車身操控平衡的主要位置，後輪打滑你很容易救回來，前輪打滑通常就是直接摔車。所以要走野地，前輪比後輪更需要抓地力。

而在一般公路上，後輪是驅動輪，並且承受你身體主要的重量，它需要更高的胎壓以便對抗滾動時的變形壓力。細胎才有夠高的胎壓讓你完成這個任務（寬胎在出廠時，設定胎壓原本就比較低）。

平路巡航時後輪承受較大的驅動壓力（所以後輪磨耗快），用滾阻較低的細胎；剎車、下坡及跑野地時前輪吃重，這時寬胎就扮演更能夠穩定控車的功能了。

這種設定讓我跑公路時不會輸人太多，而跑碎石野地時又有良好的操控性能，算是綜合各種路況以後的折衷；不是針對公路或野地最完美的，而是綜合各種路況以後最兼容的。

請注意一般標準公路車受前叉，及 C 夾最大寬度的限制，大部分都無法支援 28mm 以上的寬胎，我的車架是雲豹的越野型 CX 公路車架，原廠設定就支援到 35mm 的寬胎，所以才有改裝空間。如果你想換寬胎，要先確認前叉的胎寬可以支援到多寬。

▌03 電輔車是好選擇嗎？

這裡可能要討論一下疫情之後開始流行的電動輔助自行車的問題。

電輔車最適合的場景是你已經是騎車老手，想帶著老婆開始環島（給老婆騎），或者想鼓動七十幾歲的老人家多運動開始往外走（能出門就是好事）。還有資深的登山車玩家用電輔登山車探索深山林道，或專業的探路者節省體力之用。

電輔車最好作為老手輔助的幫手，而不是新手一入門就買的省力玩具。我聽過許多新手因為體能不足，看別人登山越野心裡羨慕，覺得買了電輔車就能夠開始過相同的生活⋯⋯但對新手而言，電輔車是致命的誘惑。尤其價格較貴，許多店家只要一碰到憂慮自己體能不足的顧客，就會開始推銷電輔車。

每一個賣車的人都會為電輔車說好話，它確實也可以讓你快速提升爬坡能力，但他不會告訴你電輔車的麻煩。受限於電池容量與車重的關係，它沒辦法讓你長途自由旅行。純人力騎車，累了只要路邊小七補充一下熱量，馬上就可以再戰，電輔車如果耗光了電力，你就變成騎一台特別沉重的公路車。跟所有現代文明一樣，電力是幫助，但同時也是制約，它會讓你卡在有點好玩，卻難以深入的局面裡跳不出來。

但還有更要命的問題。騎車是體能、技術同步提升的運動，車友都是從小山小坡開始，隨著體能進步，才有能力、有技術爬上大山險路，控車與體能剛好可以配合逐漸複雜的山路而同時成長。騎電輔車則缺乏這種磨練過程。新手控車能力尚未成熟就已經騎上高山或長程環島，面對複雜路況、高速下坡的考驗，摔車倒地是騎電輔車新手常見的問題。

練體能，談不上；論上路，未熟練；論自由，有侷限，尤其現在很熱門的兩鐵旅行（鐵路加鐵馬），因為電輔車太重，

上下火車比純公路車吃力得多。如果想出國騎車，電輔車更注定就永遠出不了國門了（大容量電池托運問題）。

　　純人力單車可以享受的自由，隨時出門，任意長途，輕鬆扛車，上火車，下階梯，維修簡單，在電輔車都是難題。更別說你本來是要鍛鍊身體，卻騎上一個不太費力的工具，完全的背道而馳。鍛鍊是要讓體能接近身體負荷的極限，這樣才會有鍛鍊效果，只是輕鬆騎，肌肉沒有負荷，體能是不會增強的。

　　我非常不建議新手從電輔車入門，入門太輕鬆，帶來的就是缺乏感動的體驗。你甚至連車隊都找不到，因為大部分車友都不喜歡跟電輔車同騎。除非你是資深高手，打算往深山絕境探險，或者年紀已經七十五歲以上，真的無法負荷了，否則電輔車在我看來都是弊大於利。

　　電輔車適合老手用於特殊用途，不適合新手拿來入門。

▊ 04 新手一定會犯的錯誤

　　我剛騎小摺通勤的時候，一直是用車行交車時的坐墊高度騎車，直到有公路車老手看不下去善意提醒，才知道原來我當時的坐墊高度和應該要有的標準高度，差了十五公分。坐墊標準高度可以讓騎車的效率增加，更重要的是可以保護膝蓋，避免膝蓋退化，還能強化關節周邊肌群，改善膝關節健康。

　　這個經驗讓我非常吃驚，不過就是騎個單車嘛，真正的專業知識和普通人的資訊落差竟然如此巨大。從此以後我帶新人騎車一定非常非常注意那些小細節，就是那些小節讓新手無法正確騎車，無法好好享受騎車的樂趣。這些事包括：

❶ 正確的坐墊高度

正坐在座墊上，踏板轉到垂直地面時，你用「腳後跟」踩踏板，腳應該完全打直。這時候你的座墊高度就是正確的了（這裡說的是簡易自助設定，專業的公路車設定另外有更多高科技的儀器協助整體姿勢設定）。

座墊高度，當曲柄垂直地面時，用「腳後跟」踩踏板，整隻腳應該完全打直。

在標準座墊高度下停車，雙腳只能用腳尖微微碰到地面，如果不靠手扶欄杆的話通常是沒法穩穩停在地面上。

❷ 正確的上下車方法

隨著座墊拉高，雙腳無法平穩貼地，很多人心裡產生恐懼，開始變得不會上下車了。有人因此堅持不肯把座墊拉高，

只希望維持舊習慣安穩地坐在座墊上起步。但這樣騎車沒效率，又容易傷膝蓋，所以解決辦法是，你要放棄坐在座墊上起步的壞習慣，學習正確的上下車起步停車辦法。騎單車如果還能坐座墊起步，那麼你的座墊必然太矮。

所以騎公路車，要停車就是乖乖下車，屁股離開座墊，雙腳打開跨車架站立。

標準的單車起步，絕不可能坐在座墊上，請先學會起步控車，練習方法如下：先確定你的座墊已經調整到正確高度（重要！重要！重要！）；

一、雙腳跨車架站立，雙手扶好把手；

二、把右踏板轉到水平偏上高度；

三、身體重心移到左腳，右腳輕放右踏板上；

四、重心移到右腳往下踩，讓單車滑行出去；

五、維持右腳單腳站立踏板，屁股不要急著找坐墊；

六、單腳站姿滑行，滑越遠越好；

七、反覆練習。

這是起步控車，訓練你如何在起步重心變換的時候，怎樣保持直線前進。學會起步控車再來談坐上座墊。

❸ 正確的腳板踩踏位置

你應該用前腳掌踩踏板。標準位置是用腳掌蹠骨（拇趾跟凸起處）肉球對準踏板軸心。因為這樣踩踏功率輸出最有效率。

正常騎車，應該用前腳掌踩踏板，當曲柄垂直地面時，膝蓋應該微彎。

什麼速度才是有效益的騎車速度

大部分新手對騎車的想像，就是我要輕鬆、逍遙、悠閒騎。可惜輕鬆騎車不會有運動效果，你的騎行強度若沒有超過肌肉負荷，肌肉量就不會成長，心肺能力就不會增加，悠閒騎只是瞎逛，差不多等於是白騎。

時速十五公里的悠哉騎法，還有第二個問題，那就是你永遠無法離開河濱車道。你練不出腳力就沒法爬坡，沒法爬坡就沒法選擇新路徑，沒有新路徑當然哪都去不了。這樣騎車，三個月你就會覺得不曉得還有哪裡能去，因為所有河濱車道你都騎過五六遍，風景也看得足夠膩了。

騎河濱一定要把車速拉到時速二十公里以上，這樣你會冒汗，會練到腳力，同時也提升操控單車的技術能力。這樣可以

為你鍛鍊爬坡做好準備。

有了爬坡的腳力，上山下海，登高望遠，兩鐵旅行，全都難不倒你。接下來你野心會更大，環島、出國，這時候世界就為你打開了。騎車如果只讓自己停在舒適圈，很快你就會對單車失望。從十五到二十，不要小看這五公里的時速差距，這是百分之三十三的功率提升，是完全不同檔次的肌力和心肺能力的強度需求。

有了體能，才有世界，一切都是從增加五公里時速開始的。（更多新手練車建議，請看☞第六章。）

為什麼要練車

其次你要開始練習平路、高速（時速維持二十公里至少）、長距（一次能騎二十公里不休息）。這個階段你要學到如何高速騎行、如何在高速時駕馭單車、閃避行人、如何換檔等。為了維持車速，你的車一定要裝碼表。

如果你住在大台北，這是全世界新手練車最完美的聖地。整個大台北水系，景美溪、新店溪、大漢溪、基隆河、雙溪、淡水河、二重疏洪道，河濱兩岸所有單車道加起來，差不多有三百公里那麼長，這些車道足夠讓新手周周練車、不重複路線達三個月以上。

而且大台北河濱車道幾乎全是平路，非假日周間人車也很少，很容易練車。萬一你只有假日有空，那最好排中午練車，那時候人最少，假日等到兩點以後，河濱簡直可以用人滿為患

來形容，那時候就不適合練車了。

　　平日如果沒有時間練車，請記得每天做二十分鐘深蹲，深蹲對強化腿力非常有幫助。

　　進出河濱車道最好找個有越堤坡道的地方（如客家公園）進出，這些小坡道可以讓你練習換檔。如果你在平路上練到可以用時速二十公里不間斷騎車一小時，單趟騎行五十公里以上，恭喜，你可以進入爬坡訓練了。

　　爬坡是一定要練的，不練爬坡你騎車的樂趣就喪失大半了。爬坡有強大的身體負荷，讓你鍛鍊肌力，強化心肺，刺激大腦分泌腦內啡，改善你的精神狀態（騎車可以改善憂鬱症，說的就是這件事）。

　　更重要的是在台灣，只要你想騎到遠一點的地方，你就得爬坡。環島要爬坡，去北海岸吃海鮮要爬坡，體驗蘇花公路要爬坡，賞櫻、賞桐、賞楓，任何自然美景全都在山上。沒有爬坡能力沒有車隊會要你，因為車隊行程百分之九十九都是山路。

　　不用害怕爬坡，爬坡是你的朋友，爬坡讓你有更強大的能力控制身體，駕馭單車，只有辛苦流汗，才會體會到歡呼收割。每個騎車的過來人都會告訴你，要練爬坡。當你鍛鍊到可以爬上高山，你會體會到人車一體的和諧美感。

　　練車是一種可以不斷看到回報的過程，隨著腳力提升，本來你只能在十公里半徑打轉，後來你可以跑到二十、三十、四十公里外騎山路，一天騎破百，爬升上千。

　　腳力不同，看見的風景就不同。所以我在辦「周周來騎

車」約騎活動時，每一個分級都會想辦法給剛晉級的同學，有點挑戰的難度。

不管當初加入社團是不是抱著輕鬆騎的心情，我希望至少社團的約騎能讓新人感受到：喔，原來需要這種強度才能充分釋放騎車的暢快。

▌ 05 騎車與健康

騎自行車是人到中年以後最適合的健身運動。因為對膝蓋的負荷較小，甚至由於強化了股四頭肌等相關肌群，反而能穩定膝關節的屈張運動，許多車友都報告他們多年的膝蓋痠痛問題，因為騎車而治好了。

我自己的經驗是騎車前爬樓梯左膝會痠痛的問題，騎車後就消失了，上下樓梯都輕鬆。中年以後的都市人因為缺乏運動，肌少症普遍發作，膝蓋痠痛經常被誤會為關節退化，而其實多半是因為肌肉衰弱無法穩定支持膝關節維持在正確的位置上而導致。

騎車正好可以在避免給予關節更多壓力的情況下，強化膝蓋周邊肌群的保護力。許多骨科醫師提出「避免退化性關節炎」的藥方正是騎單車運動。

而在瘟疫時代，騎車是最好的大眾交通替代，歐美已經在過去幾年做了示範了，都會區趁勢開闢更多單車道，鼓勵市民通勤改成騎車，全世界單車需求大漲，零組件斷貨，疫情期間要買單車都要排班幾個月才能交車。不只不用害怕在疫情期間出門騎車，甚至要鼓勵把通勤方式全面改成騎車才對。三級警

戒應該鼓勵公車族、捷運族轉換為單車通勤族。

　　全世界有遠見的城市都在疫情期間大力推展自行車交通，透過自行車天然的保持社交距離的交通特性，作為公共運輸無法高效運作時的替代方案，既兼顧健康又能維持社會基本運作。騎車不只對個人健康有益，事實上也是具有公共效益的交通方式。

　　自行車除了會改變肉體狀態，也會改變精神狀態，甚至還能活化大腦，進而改變大腦狀態。足夠強度的騎車運動會讓大腦釋放多巴胺，讓人產生欣快感，許多精神科醫師都建議憂鬱症患者白天出門騎車，對改善憂鬱症有非常顯著的功效。

　　更奇妙的是騎車，尤其是獨行騎車，對大腦活化的功效。人一抵達陌生環境，大腦就會高速運轉，希望確保自己找得到想去的地點，最後還能回得了家。你會開啟所有感官，辨認路上經過的指標特徵，搜尋、決策、記憶、思考、判斷。你老化的大腦會因為這樣而再一次經歷高強度的綜合鍛鍊。

　　因為獨騎的時候沒有同行車友可以倚賴，所以你會被迫啟動你荒廢已久的腦神經鏈結。這是強迫大腦離開舒適圈的好辦法。如果你經常獨騎，走陌生路線，就可以獲得這種好處。所以騎車不要只想著找人一起騎，常常自己單人獨騎（☞ 0_09），對你的大腦有好處。

　　騎車是三重鍛鍊，精神、肉體和大腦都可以活化。

▌ 06 服裝

　　專業的車衣車褲強調的是貼身（減少風阻），全開拉鍊

（容易散熱），吸濕排汗，口袋做在後側（不會干擾踩踏），屁股上有襯墊，褲檔包覆避免燒檔（一天騎下來你的大腿內側可能會有四萬次以上的摩擦），長褲褲腳緊身或壓縮，避免褲腳捲入鏈條。

這些服裝在你買車的車行都問得到或者買得到。

不過專業衣褲因為太專業了，跟日常生活服飾可說是完全不同，如果你想把單車融入生活，希望平常怎麼穿，牽了車就可以出門，不必花時間另外換裝（這一點對養成騎車習慣非常有幫助），那麼可以參考一下我的騎車服裝。

我的上衣只注重排汗機能，所以普通排汗T恤都能穿，褲子只選長跑壓縮褲（秋冬九分，春夏五分），外搭馬拉松飄褲，這樣上市場也不會尷尬（專業車褲在檔部會有明顯凸起）。

也因為相同理由，許多車友會穿卡鞋強化踩踏效率，我就只穿硬底的普通涼鞋。卡鞋對騎行效率確實有幫助，但卡鞋通常也需要適應期，上卡摔三次是一般卡鞋車友的經驗，新手如果還要兼適應上卡，應該會很辛苦。

秋天早晚天氣較冷，這時候你需要的是一件薄型的防風背心，摺疊起來跟輕薄雨衣一樣小，早晚出門回家可以穿，騎熱了可以脫下塞進車衣口袋或工具包。

冬天騎車除了基本排汗之外，因應溫度變化，服裝的需求有三，按照重要性排列分別是：

一、擋風

二、散熱

三、保暖

一般上班族冬天的衣服可能會優先考慮保暖，但騎車時保暖是最後才需要考慮的，甚至在十五度以上時，都不太需要考慮。因為騎車會發熱，身體會產生熱量，只要你爬坡，你製造的熱量就會超過禦寒所需，這時候你需要的是著裝的散熱功能而不是保暖。再加上騎車速度快，尤其下坡時候，擋風變成首要的考慮因素。

　　又要擋風，又要散熱，怎樣可以兼有這兩種功能呢？最好的選擇就是防風夾克，全開拉鍊的軟殼衣就很完美。剛起步時拉鍊全拉上，防風還帶一點保暖功能，等到騎出強度，體溫上升，這時候可以把拉鍊一公分一公分地拉開，足以控制散熱速度。

　　所以買衣服的時候，記得拉鍊的順滑程度很重要，要單手可以拉上拉下（新手請注意，停車再拉拉鍊），我常常會用到的需求是，有時拉上一公分，有時拉下五公分，這樣騎車時才有辦法隨時調節體溫。不然還要雙手拉拉鍊那就太麻煩，可能也太危險。

　　當氣溫掉到十五度以下，或者要爬五百公尺以上的山路（山地氣溫隨著海拔上升而下降，每爬升一百公尺約下降〇‧六度，五百公尺山區氣溫就會比平地低三度），這時候你需要三件式的著裝，內層排汗，中層保暖透氣，外層防風。中、外層一定都要選擇全開拉鍊方便調控溫度。

▌ 07 安全配備和隨車器材

　　前後燈：在都會區騎車，前後燈主要不是用來照亮前路，

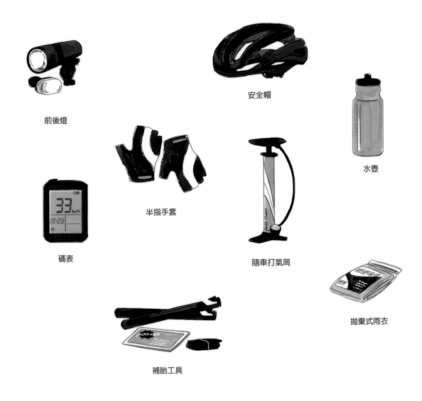

前後燈

安全帽

水壺

半指手套

碼表

隨車打氣筒

拋棄式雨衣

補胎工具

而是用來提醒前後車，這裡有人在騎車。所以（加上備用電源）至少能持續四、五小時亮度的續航力，比車燈亮度還重要。

但如果要騎鄉間或山區，那麼大容量電池，高流明燈珠的前燈就很重要。最好選擇可調焦的款式，光柱打在行進方向的路面就好，免得散射光對對向來車造成干擾。買了車燈最好先在家測試，全亮開了放著看他能亮多久，亮不足兩小時的車燈都可以丟掉，因為絕對不實用，長程夜騎很容易讓車主身陷險境。如果要夜騎，一定要加備備用電源。

安全帽：我騎車八年了，大大小小摔車不計其數，自摔

的，撞山壁的，跟汽車擦撞的都有，綜合起來我覺得騎車最重要的裝備，就是安全帽。不只嚴重事故可以救你一命，甚至只是時速五公里翻車也可以保護頭部。

不要覺得它麻煩，真正的高手都是安全帽不離頭的。你如果想要擁有長遠的騎車生涯，騎車請記得戴安全帽。

水壺：騎了車你才會知道對水分的需求這麼大，夏天的單日行程灌完兩壺水都還不夠，得在行程中間找補水點。所以你的車至少要有兩個水壺架，以備應付夏天的長途騎行。

如果你的車原廠只有一個水壺座，你可以用束帶手動增加水壺架（請搜尋「周周來騎車」社團「水壺架＋DIY」）。

半指手套：半指手套不是為了求帥，而是在基本的保護力和剎車的抓握力之間保持平衡。

碼表：練車一定要有碼表，這樣你會知道現在時速是多少，今天總共騎了幾公里，今年以來總共騎了幾公里……沒有碼表的車子很難把自己鍛鍊的成果具體量化出來。碼表會讓你對自己的節奏、進步程度有客觀感受，容易自我激勵。

補胎工具：你需要兩根挖胎棒、一盒補胎片（推薦ParkTool 免上膠補胎片），再多帶一條備用內胎。這樣就不怕騎到荒郊野外破胎，叫天不應，求救無門了。（為了裝補胎工具和雨衣，你的車至少要掛一個座墊包或上管包。）

隨車打氣筒：請買有打氣軟管，還有立地腳踏板的型號。沒有這兩種設計的打氣筒，你打一次氣就不會想再用它。

拋棄式雨衣：小七牌就夠了，拋棄式雨衣讓你上身不會淋濕，冬天可以避免失溫。

08 怎樣找到適合同騎的夥伴

獨學而無友，則孤陋而寡聞。獨騎跟獨學一樣，沒有車友同騎，就很難成長。騎車知識、技術和體能，都需要好車友指點竅門，或者互相激勵，勝過自己獨力摸索許多年。

自己練車，學習曲線比較曲折，過程也會比較久，還有些奇怪的關卡會很難突破（例如把坐墊拉到標準高度，這件事我在小摺時代花了半年才達到）。

所以新手跟團還是很有必要，你會學到關鍵的騎車技能（腳踏位置、坐墊高度、裝備選擇、保養方法等等），還有因為跟團而被迫提升的練車強度（我騎車了一年以後才知道平路巡航時速也要拉到二十五公里才算有練到）。

最後是跟團才會認識程度相近的車友，以後可以自組小隊去征服比較遠途的目標。

那麼「團」在哪裡呢？

臉書上很容易可以找到自行車、騎車社團，如果你是新手的話，我創立的「周周來騎車」加入方法請見（本書最末章「工商服務」）是一個很好的進入點，那裡每月會辦兩次專門給新手參加的周末約騎。你可以從入門行程慢慢進階到中高級行程。

參加商業團也是很有效的方法，商業團顧客的來源更廣泛，天南地北甚至國外車友都有，更容易找到「臭味相投」，實力接近的騎車伙伴。

09 怎樣獨騎

前面「騎車與健康」一節（☞ 0_05）提過單人獨騎的好

處，可以活化大腦避免老人癡呆症，這個大家都有興趣，但一提到單人獨騎，要自己找路，自己面對破胎掉鏈，一下擔心天氣，一下擔心野狗，很多人就開始畏縮——但相信我，你不需要把上述問題全都解決了才有辦法一個人出門騎車。

獨騎不需要從偉大的旅程開始，從生活周邊最容易抵達、破胎也可以牽車去修理的地方開始，慢慢你會學到獨騎沒那麼可怕，也沒那麼困難。

去隔壁市場買菜，去看花，看天色美，忽然動念想找個高地看夕陽（見 ☞ 45），你可以從五公里外的假日花市，推進到十公里外的動物園，沿著河濱你不可能迷路，就算一時搞不清方向，攔下任何一個路人、車友，大家都很願意告訴你回家應該走哪個方向。從你熟悉的地方慢慢往外推，所有的進步都是這樣一點一滴實現的。

不幸遇上破胎，你把車子翻倒，站在路邊對路過的全副勁裝的男性騎士招手，十有八九，有人會停下來，而且車上就有修車工具（但你車上最好自備一條備用內胎），無償幫你補換胎。

車友之間都有默契，出門在外能幫就幫，因為總有一天自己也會碰到問題。所以你不用害怕破胎，那一點都不會變成麻煩。最差最差，從附近的水門牽車出去，叫一輛小黃也可以解決問題，公路車拆下前輪，裝後車廂毫無困難（所以你至少要會拆裝前輪——說實話，這件事比你以為的簡單一萬倍）。當然如果你經常單人獨騎，遲早還是要學會怎樣補胎，學會補胎會讓你更有膽識千里獨行。

大部分獨騎的困難其實都是想像出來的，那些困難要解決真的一點都不難。

■ 10 怎樣確保騎車安全？

　　公路車速度快，確實有相當程度的風險，但如果你練好控車技術，有安全意識，騎車也可以是很安全的運動，我有許多車友已經年過八十還可以上山下海悠遊山林，他們多半有非常好的安全意識。以下介紹最根本的騎車安全注意事項。

　　新手上路第一件事是，請在河濱先練三個月，跟你的車建立互信，你要知道你的車能做到哪些事，緊急煞車的距離要多長，煞車導致打滑的臨界點是什麼程度等（請注意煞車不是為了要鎖死車輪，煞車是為了要取得對車子的最大掌控權）。

　　在河濱還要培養一個重要的騎車習慣，就是養成「防禦性騎車」的警覺。任何時候都要預判你的行進動線上，有沒有什麼危險事物可能出現。

　　從靜態的積水、落葉、青苔、沙土，到動態的兒童（他們的下一秒動向絕對無法預測）、騎菜籃車的同學（他們因為速度慢，轉彎幾乎都不會看後方有無來車）、遛狗的人（狗的動向也無法預測）、普通行人或跑友（他們可能聊天高興忽然揮舞雙臂）；都要立刻產生戒心，減速並且以最大可能的距離遠離繞過。如果你無法繞過積水、落葉，那就直直壓過去，千萬不要在異物上煞車，異物上煞車一定打滑。

　　有了基本控車能力，第二是再到河濱的過橋引道練習怎樣下坡（☞ 65_31）。

練會了下坡，再參考第六章練習緩坡山路（☞ 62）。請記得練坡不只是練爬，同時也是練下。爬坡練腿，下坡練藝。下坡要有更大的戒慎恐懼，每次我下坡前，都會在心裡預演一遍車速太快、撞進山溝的想像畫面，這樣想一遍腎上腺素就會上升，心跳就會加速，情緒就會緊張，下滑就不會太放飛自我。幾個注意事項：

一、下滑專心看路況，不要看風景，想看風景就停下來，免得出事。

二、踏板踩成前後水平，這樣過彎時不會因為擦撞路面而翻車。

三、下坡最重要的技巧就是盲彎過彎（☞ 66_2），請參第六章多多練習。入彎前就要減速，不要等入彎後才想減，那時候就來不及了。

四、山道不管有沒有畫分隔線，絕對不要進入對向車道空間。

　　另外女生手小，彎把煞車把位常常不容易抓握，可以去車行請師傅把「煞車行程」調小一點，讓手容易握。或者試試 Shimano 105 油碟有配合小手的煞車變把版本。

　　最後是培養騎車上路的憂患意識。

　　這憂患意識是指，一上車你就處於一種事故可能隨時會發生的心理狀態。不管是車子本身的機械問題，路面隱藏的危險因子（積水、青苔、浮葉、路口等），或者其他用路人的不可測行為，隨時都假設最壞情況可能下一秒就會出現，避免讓自

己進入無法躲避、無法煞停的處境。

任何時候對自己的車子的異常，都保持足夠的敏感。煞車力道下滑就要立刻調整間隙，間隙調整無法改善就要立刻更換煞車皮或來令。車子有噪音了，前輪轉向變不穩了，變速檔位亂跳了，外胎磨到見編織層了，騎起來感覺比以前費力了，這些都是機械出問題的前兆。

到巷口永遠假設會有機車衝出來，過彎永遠假設山壁後大卡車正要迎面而來，看見小朋友永遠假設下一秒他會轉九十度大彎撞上正在超車的你。這些事永遠都不要去賭機率，遇上了都是災難。

養成安全騎車的習慣，可以確保騎車生涯永保平安。不過很多人沒有親身摔過，就很難覺悟這些都是血淚經驗換來的騎車智慧；我自己也是摔到住進台大醫院開刀接骨，才真正覺悟怎樣平安騎車的道理，以上安全守則真的都是血淚經驗換來，所以最好還是不要親身去經歷摔車滋味啦。平安才是真功夫，與大家共勉。

※　※　※

等你學會了騎車，整個世界就會為你打開。

以下章節有許多都需要較高等級的騎車能力，如果你剛練車不久，建議從☞第六章開始給自己練車的功課。

第 1 章

整個台北都是
我的博物館

台北有很多國家級博物館，但很可惜沒有城市博物館。

既然有國家級的了，為何還需要城市級的呢？因為城市博物館是一個向本地人及外來訪客，系統解說這個城市之所以誕生，本地人群之所以聚合，現在的都市紋理是怎樣一步步形成的故事。

從地質年代的造山運動講起，我們才會明白台北盆地的山是怎樣出現，盆地又怎樣陷落；為什麼這裡的大河可以終年通航，而台灣其他河很難？為什麼族群是這樣分布，聚落是那樣形成？產業是這樣成長？老街是那樣興衰？又是什麼因素塑造了城市的命運與她們內在的靈魂？

城市博物館是用來介紹一個城市的身世、來歷，還有城市之所以走到今天的背景原因的。沒有城市博物館，我們就沒辦法理解一個城市的前世與今生。

不過這幾年來我用單車騎遍了大台北的山巔水路，忽然領悟到一件事：其實對騎士而言，台北沒有城市博物館也沒差，因為用單車騎訪，我們可以直接就把整個城市變成一個身歷其境的巨型博物館。

踏著雙輪，親眼看見火山地貌，見證至今猶存的台北最早的國際貿易特產——硫磺，追溯淡水河的源頭，拜訪每一條老街興衰浮沉的歷史，觸摸三百年前遺留的史蹟；看著河水漲落，星月沉浮，我常常坐在「大台北公路車俯瞰點（見☞第四章）」的坡道上，看著波瀾壯闊的「山水台北城（見☞第二章）」，喝著保溫杯帶上山的咖啡，不知日之將暮。

這個用整個城市打造的博物館，比所有世界著名的博物

館，更有獨特的魅力：單車騎訪的旅客不只會「看見」所有的陳列展示，也能直接「沉浸」在歷史與現實交融的「展示廳」。

唯一的技術難題是，這座城市博物館的展品無法搬動，要看展只能千山萬水自己騎去。你不只要「會」騎車，而且還要「相當」會，至少要能具備不落地直上風櫃嘴的實力才行——但這正是單車旅行為什麼讓人著迷的原因。你付出了肉體的辛勞，卻得到精神上的滿足。你費盡了洪荒之力騎上一個迷人的地點，肉體的疲憊讓人對知性和美學的洗禮，特別充滿苦盡甘來的感覺。

這跟坐巴士旅行是完完全全不同的滋味。

而且如果你還記得當初為什麼開始騎車的話，這個「困難」應該不成問題才對，因為你本就是為了健康而練車，練上

林口台地的天際線平坦得驚人，為什麼呢？

風櫃嘴只能算是基本必要體能而已。練車既可以讓人看見大台北山水風光，又能讓人獲得健康身體，一舉兩得，這才是單車旅行最迷人的地方。

▌ 地理決定論

這個博物館的第一個主題，應該要展示台北盆地誕生的背景舞台，這個適合內河航運的低平盆地是怎樣形成的？為什麼環城的高地有些是山，有些卻是平面狀的台地？只有理解了大河航運的地理背景，我們才會明白一切歷史發展的因果，全都來自大地發展的變化。

在現代都會生活久了，我們很難想像地理決定論的威力，竟然是地理決定了台北的物產，決定了台北族群聚合的區位、容納的人口、興盛的方式、攻守的難易——而最後，終於決定了台北為什麼會取代最早興起的台南，成為台灣首府。

如果不了解台北的地理，怎麼能了解台北的身世呢？我們活在現代化的都市太久了，雙眼之所見，十指之所觸，都是鋼筋水泥人工覆蓋的「文明」產物，它們也許更整潔、更有序，但那裡沒有舊的痕跡，看不到雙北從遠古走來的腳步。

台北市民在城市中看不到古台北城中軸線所對正的七星山，也看不到整個大台北所賴以起家的淡水河，腳下曾經灌溉半個盆地的瑠公圳都填埋加蓋，先民在夜晚所辨時、觀候、判斷方位的星空，只剩下空氣特別清澈的夜晚才能看到孤星一兩顆。

我們應該要想辦法重建這些天、地、人的連結，不是為了

文青的浪漫，而是因為這樣才能塑造我們的風土意識，知道這裡原先是一個由周邊物產（硫磺、茶葉、樟腦、大菁、稻米、煤礦）所支持的貿易城，山是曾經茂盛的憑依，水是今日繁榮的根源。環城的山不是為了讓你健康而存在，環城的水也不是為了被拘束在二百年防洪標準而出現。

只有透過單車路徑，翻過山頭，繞過高堤，在某些文明尚未覆蓋的野地，我們才會見證文獻上的知識確實是這個城市發展一步步走來的路程。

▌自然史

騎在戶外環境，你自然會開始注意天地間的地質、物種、天象與氣候。哪裡可以看日落，哪裡可以看晨曦（見☞第四章），哪裡可以挖掘雙北從遠古誕生以來遺留的地質記憶（見☞第二章）。

台大的流蘇，溫州街的魚木，圓山河濱的苦楝，三芝的櫻花，淡水的美人樹，泰山的蒜香藤，雙溪河岸的阿勃勒，山佳的大榕樹，舟山路的銀杏，八里左岸的台灣欒樹……每年我都要在固定節令，拜訪固定的老樹，探看她們一年來風雨的滋潤如何？花與葉是否更加迷人（見☞第五章）。

春季家燕歸來，秋冬候鳥過境，六月台北的空氣開始變得乾淨清透，當十月東北季風吹起，北部車友開始興起一日北高、一日雙塔的挑戰行程，因為強烈的順風讓大家順利走完這艱苦的旅程。但這也提醒了我們，當日來回的行程要小心回程的大逆風。

讓季節流轉成為市民的生活感受，人在都市中卻能接受大自然的洗禮（大自然不是多建步道才算數的），整體的精神氣質就會跟一個純工商的都市大不相同。

　　這樣我們才可以說台北是個天地所賜的寶地，因為我們理解台北在天地山川中的位置，離開她就覺得失落。否則這裡不過是一個「賺吃」的所在吧了。

　　台北這個巨大博物館是身歷聲、身歷風、身歷陽光與秋月的自然博物館。

▍歷史與人文

　　台北也有鄉村農家，淡水也有彷彿京都的城中輕水路（公司田溪），先民拓墾的水圳、農地，如今要去哪裡探訪？大台北經歷過西荷、明鄭、滿清、日本與民國，哪裡可以見證這興衰起伏的痕跡（見☞第三章）？

　　清朝蓋的台北古城牆被日本人拆掉了，但清朝規畫的城市方位卻永恆地留存了下來，哪裡可以看到呢？你知道日本人除了在台北留下許多歐風建築之外，還留下遍布全台的「帝國美學」——整排夾道種植的大王椰子嗎？這種帝國美學最早的原型在哪呢（☞路線35：台北祕密檔案）？

　　在二百年防洪標準的巨大堤防尚未興建之前，台北的居民如何與水共生呢？他們跟我們今天一樣，只求把洪水阻絕在外，還是生存在水邊，吃住在水邊，因此懂得配合水潮的漲落而形成與水共居的生態？

　　台北盆地還有一個特色是大部分市民無法察覺的，那就是

我們其實活在已逝先人環繞的土地上。台北環城都是山，加上水系蜿蜒，造就了絕佳的風水寶地。從觀音山到林口、樹林、土城、中和、新店、景美、木柵、新店、崇德街、信義區、南港、深坑、內湖、劍潭山、士林、北投，整個繞一圈，到處是墓園。墓區因為人少，是練車的好地方；墓區因為強調風水，是視野展望的現成地點；而墓區因為埋骨的先人夠多，我因此能夠打造一條單車族專屬的「台北萬神殿」，融合政治、經濟、文化、藝術、思想、統治者與革命家於一爐的單車主題（☞路線 32：鐵馬畫出萬神殿）。

這個歷史博物館是需要騎車才能拜訪的。

▍舉世罕見的三百公里河濱綠帶單車道

久住台北的人可能對河濱單車道沒有驚艷的感覺，因為她太缺乏存在感了。但我接觸過的外國車友，則對河濱車道都充滿了艷羨；太方便了、太四通八達了、太好騎了、太美了。這確實是真的，全世界真的很少有哪個大城，擁有這樣五大支流左右岸總長度達三百公里的單車專用道。

雖然在本書我抱怨著雙北的堤防阻斷了我們對大河的親近（見☞第二章），但作為對價，我們卻因為堤防內的行水區無法開發建設，因而有了這一套世界級的單車專屬車道。這算是老天的補償吧。

二百年防洪標準的高堤應該是拆不掉，但雙北因此多了三十倍於大安森林公園面積的帶狀綠地行水區，這綠地闢為單車道，淡水河五大支流左右岸加起來，河濱車道總長度超過

三百公里。可以串連的周邊小鎮，全是當年水系河運尚在全盛時期，自然發展出來的老街、碼頭。

遠到基隆、大溪，近到艋舺、松山，中間淡水、士林、汐止、深坑、新店、景美、新莊、蘆洲、大稻埕、三峽、鶯歌，全是水岸碼頭發展起來的聚落，也全是單車可以拜訪的老街（見☞第六章）。從水岸串聯這些老街，通常效率還勝過汽車，最重要的是，還有一頁大台北開發的滄桑史就在輪下。

如果不是高牆大堤讓這些行水區無法建設，雙北市府應該也捨不得拿來做單車道（看看雙北在市區開闢單車道多麼有氣無力就知道了）。喜怒無常的淡水河讓我們封鎖了河岸，我們變成水系環繞之城中的無河之人，河在城中，又在城外，河岸綠地因此離開了都市人的日常，成為單車客專屬的天堂。全世界罕見的綠帶單車道反而因此而誕生。

一台單車就可以讓你重新找回水城台北的生活。這不是某種行銷語言，而是讓我們重新連結本地風土，沐浴自然的建議。跨過河堤，體會山水，這是圍牆市民逃出圍城熱島的簡單辦法——真的不騙你，河濱氣溫任何時候都比市區少三度，而河濱更是現代都會人連結自然的現成通道，這裡的野地比公園更野，這裡的鳥種比市區更罕見，這裡的視野因為水面而開闊。

▍史觀與評價

本來我只想寫一本旅遊書，可是寫著寫著越寫越深，越寫越溢出（一般旅遊書的）常軌。其中最讓我自己吃驚的，是對

許多拜訪點的敘述和評價，會和網路上隨手可見的主流評價完全不同。譬如日本人改良了蓬萊米變成今日我們的主食，日本人建了宏偉壯觀的建築成為城中區優美的城中風景，日本人蒐集了無數南洋植物，有些已經成為台灣的文化地標，像台大的椰林大道……主流評價都是一面倒地叫好，至少你在古哥前幾頁能查到的都這樣。

但我不喜歡抄現成答案。

面對這些拜訪點，我的想法是：我至少要知道這個地點、這個景觀為什麼出現在這裡的來龍去脈吧。我不想只是重複那些隨便古哥都查得到的資料，那些大部分都只是抄襲維基百科，不只是人云亦云，還經常源頭錯後面就跟著錯。單車旅行既然到了現場，那些一眼就能看見的東西，自然沒有必要再加詳述，我希望提供的是現場看不見、古哥也很難挖掘的東西。而偏偏當你挖掘現場背後的歷史淵源時，你就會發現這些訪點的歷史意義，和你用古哥檢索能夠查到的資訊，有截然不同的落差。

如果只看表面，壯觀、宏偉、美麗、好吃是最容易看見的形容詞，可是先民的感受，前人的犧牲，常常就消失了。蓬萊米從改良的需求（日本人吃不慣在來長米），到最後的成果（日本時代農民種了蓬萊米自己也吃不到，絕大部分都被強制收購銷回日本），農民依然吃雜糧，沒有好處。就算今天你覺得吃著蓬萊米比在來米好吃，那也是當年農民的犧牲換來，你首先要感謝的是自己的先祖。宏偉的建築很好，但那其實是為了誇示帝國的偉大，展現帝國是亞洲文明現代化的模範生，套

用後藤新平的話：「統治這樣的人種（指台灣人），宏偉壯觀的官邸就成為收服民心的一個方便法門。」威嚴的建築其實是為了震懾台灣人民之用的。

只看表面就不會看到這些更深層的東西。我一方面寫得非常快樂，因為我不斷挖掘出埋藏在舊認知底下的新世界；但另方面也寫得非常痛苦，幾乎，每個訪點都要跟這個社會的刻板印象先吵一架。但我不是為了吵架而寫這本書的，我只是想知道我應該怎樣看待這些存在於我們生活周遭數百年的東西，我不希望只是看到她們外觀很漂亮，或吃得很開心，而已。

對我而言，這些舊日的建設，不是看她是誰做的，而是看她所達成的效果是否對人民有利。對人民有傷害，再漂亮的果實也不應該歌頌，讓人民實質受惠，那大方稱讚又有何妨？

本書寫的每一個描述和評價，都有多方查考的根據，我希望做到的是，如果站在訪點前，有人願意用這些資訊向我解說這些訪點的意義，我願意給他打一百分。希望你也會在書裡感受到這個小小的用心。

※　　※　　※

騎上你的單車，讓我們一同拜訪這無與倫比的自然、歷史與山水博物館吧。

第 **2** 章

地理決定論

路線 21

山水台北城

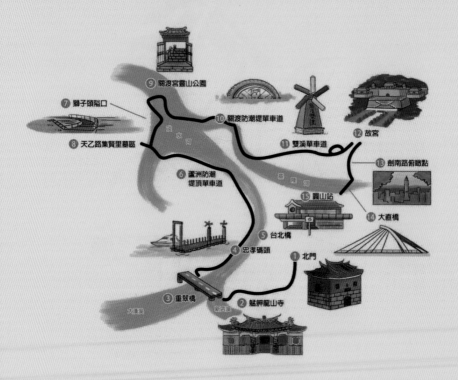

⑨ 關渡宮靈山公園

⑦ 獅子頭隘口

⑩ 關渡防潮堤單車道

⑧ 天乙路集賢里墓區

⑪ 雙溪單車道

⑫ 故宮

⑥ 蘆洲防潮堤頂單車道

⑬ 劍南路俯瞰點

⑮ 圓山站

⑤ 台北橋

⑭ 大直橋

④ 忠孝碼頭

① 北門

③ 重翠橋

② 艋舺龍山寺

　　大台北住了快四十年，直到二〇二〇年我才真正意識到，
台北是個山水環繞的城市。

　　當然不是不知道台北有山有水，只不過前面三十年我是個
打拼的上班族，從來沒有機會去想這山水有何意義；後面九年

我開始運動，往河濱、郊山騎車，那山水對我卻還只是孤立的存在，可以作為騎車路線那樣的存在，而沒想過那是台北的起源，台北的風水，台北的精神、氣質與靈魂的融合。

因為恐懼水患而築起的高堤，擋住了我們的視線，隔絕了我們親水的記憶；過去水帶來良田，帶來貿易，帶來產業與財富的舊日輝煌，通通離開了我們的視野。水只剩下威脅，山只剩下櫻花季（還會塞車）。山水曾經養育了大台北，但我們徹頭徹尾忘了她的存在。

二○一九年我從古亭搬到山水相會的關渡，地毯式地探訪北區山間水湄的小路，碰到墓區就往任何分岔的小徑深入，直到陷身在枯墳蔓草中。二○二○年當我探路騎到觀音山天乙路集賢里墓區，我才深深被眼前的的景色觸動，我終於明白台北是一座真正意義的山水之城。

山塑造了河，河塑造了城，台北之所以變成台北，之所以開始變成台灣首府，原因就是這條數十萬年流淌的淡水河系（☞ 22、☞ 23），山和水是孕育出台北的泉源，要理解台北興盛的理由，必須離開被二百年防洪標準所封鎖的繁華市區──那裡確實是繁華的大都市，但那裡看不見台北的山川如何成就台北的原因。

山水一直都在，並未消失，只是需要有人從心靈深處喚醒我們的意識，重新感受到她。「山水台北城」是我的一個嘗試，她是一條單車路線，從大航海時代開始，我們沿著水路穿越滿清、日本，與民國，奔向郁永河描繪的隘口，爬上俯瞰台北的高點，滑向我們曾經的母親河──她還是那麼美，你只是

不知道怎樣「看見」她。

騎過山水台北城，你一定會再次跪倒在她的懷抱。

◎ 起點：北門廣場
◎ 終點：圓山站
◎ 難度：勇腳運動級：勇腳行程，需要風櫃
　　嘴不落地實力
◎ 里程：55.3 km，總爬升 384 m

手機掃碼進入
GPS 路線地圖

◎ 路線爬升示意圖

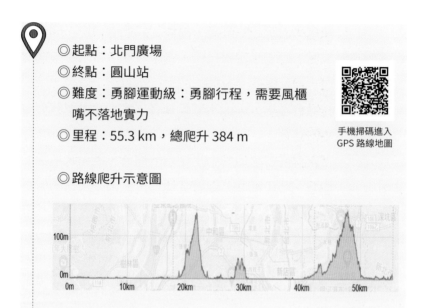

▶ **01 北門** ────────────────

一八七四年屏東發生的牡丹社事件，導致了北門的誕生。

日本藉口為前三年被屏東原住民殺害的琉球人復仇為理由，興兵南台灣。這次事件使清廷終於認識到台灣的重要，是海外防衛的第一線，開始積極經營全島，對原住民地區以「開山撫番」之名撫剿並用，進行開發。對北台灣則依照沈葆楨的建議設立新的行政區（一府三縣）。

新任的台北府試署知府林達泉上任後在台北地區實地勘查，決定在艋舺與大稻埕之間的荒地上，興建台北城。當時兼管台灣的福建巡撫岑毓英規畫了台北城座北朝南、府城中軸對準北極星的方位，但他不久就高升雲貴總督，建城改由兵備道劉璈主持。

　　劉璈對台北城的座向不以為然，依照他的巒頭派風水理論，背向需有祖山可靠，於是他把府城軸線轉了十六度對正台北最高峰、陽明山區的七星山。這時候城內建設基本已經畫定，官府、寺廟、十字馬路和排水都做下去了，軸線偏轉，說起來簡單，整個城池要搬動怎麼可能？他的辦法是只動外框城廓，不動內城。

　　這就是今天我們所見台北城的模樣——內城的軸線依然正對北極星，而外框輪廓軸線對準的則是偏轉十六度的七星山。博愛路、重慶南路和館前路等三條城內最古老的街道（即當年的北門街、府前街和府後街），到今天還是維持岑毓英最早設計的北極星座向，跟日本拆城後

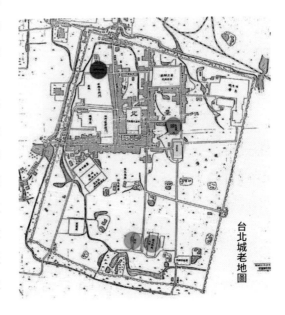

台北城老地圖

沿著北牆開闢的忠孝西路形成奇怪的夾角。

　　台北城命運多舛，一八八四年建成，十五年後日本人就開始拆牆，五年內全數拆光（連西門都拆了），只剩四座城門孤伶伶地立在街頭。北門則是這四座僅存的城門中，唯一從清朝留存至今，從基座到屋頂全部都原封不動的國家級古蹟（其他三座城門的城樓都經過改建）。

　　如果你站到北門西側，條狀牆石堆之後，你可以從北門城樓的兩個門縫看見台北一○一的身影，由此也可以簡單證明，北門所在的忠孝西路，和一○一所在的信義路並不是平行線，當北門隨著外框城牆右轉十六度，視線延伸就會跟一○一所在的信義路交叉相會。

　　台北城的建築史，現在看來跟「中華民國台灣」有著奇怪相連的風水隱喻。她是一個變動的外框，罩著原本的內城，外框是保護層，你可以拆掉她，但你無法改變她曾經右轉十六度的歷史。

北門西側看一○一大樓

▶ 02 艋舺龍山寺

　　我們現在看龍山寺是一個信徒雲集的傳統廟宇，但最早她是由貿易商（郊行）獻地打造而成的大廟。如今她已從泉州三邑人的信仰中心，變成北台灣最知名的傳統廟宇，甚至變成各國觀光客朝聖的聖地。但這座富麗堂皇，氣象萬千的廟宇，並不是無緣無故出現在這個舊社區的。

　　龍山寺的興建，背後是泉州三邑人的鄉土意識，而更大的背景則是艋舺取代新莊崛起成為台北第一大貿易商港的歷史。這裡的郊行由鄉親團結組成，頂郊、下郊（廈門）、泉郊，各據碼頭，各有勢力範圍。龍山寺前殿的牌匾，後殿的聯柱上都還留著早期郊行敬獻的字跡。

　　龍山寺雖然主祀觀音佛祖，歷任住持也都由和尚擔任，但龍山寺卻不是佛寺，而是融合佛道儒的民間宗教。正殿、後殿不同來歷的各方神明共同聚合在這個廟宇空間，各有不同祭祀儀軌，甚至葷素供品亦不相同（註生娘娘那裡會有信徒供奉麻油雞和彌月油飯），人間的渴望，姻緣、子嗣、功名、財富、健康、平安，盡在廟埕中嶄露無遺。

龍山寺晚課（疫情前）。

千萬不要錯過每天早上八點、下午四點，龍山寺早、晚課的時段，上百信徒從四方聚攏，圍坐在廟廊台階上，佛音梵唱的傳統至今未絕。悄悄置身其間，你會充分感受到龍山寺宗教氛圍的強大氣場，知道它不只是一間觀光客雲集的廟宇，也是至今仍然活生生存在的本地居民的信仰中心。

艋舺龍山寺重要的特色

龍山寺始建於乾隆時期，是北台灣最大公廟，清法戰爭、乙未戰爭，地方仕紳都聚集在龍山寺會商，議定民間的立場。山門有孫科對聯，中門康有為書法，迴廊有梁啟超詩詞。

廟埕地板為「壓艙石」，因為當年台海貿易，台灣輸出稻米、大菁都是沉重貨物，回程輸入布料、紡織品，載重太輕，所以需要就地採購石料壓艙。壓艙石運至台灣，廉價出售，大部分廟宇都買來當地板石材。注意傳統建築怎樣處理地面排水問題。

前殿十一開間，是民間寺廟中等級最高的格局。門神是佛教的韋馱、伽藍，和風調雨順四大天王。

龍門書卷台階、拱門，受西式影響。正殿觀音爐有荷蘭憨番抬爐。外壁紅毛番吹法螺。郊商匾額在前殿左右樑架上。

後殿華陀先師，早年民眾來求藥籤，再去中藥行抓藥，青草巷因此形成。魁星獨占鰲頭。紫陽夫子朱熹，宋以後科舉考試的四書五經是他校訂。

水仙尊王從水仙宮遷移過來，城隍爺也是水仙宮神明。這裡還有一尊龍爺神。後殿人物柱是郊遊記趣圖。

▶03 重翠橋：雙溪匯流 ————————

　　重翠橋連接三重與板橋江子翠，從河濱上橋的引道呈七百二十度迴旋，坡度約八至十％，上橋要小心。

　　這條橋名氣不大，但卻是淡水河水系各大橋樑中視野最精采的觀景大橋。東面單車道可以俯瞰兩溪匯流（大漢溪加新店溪）的廣闊河面，秋天可以賞月，春秋兩季可以看朝陽從一〇一大樓方向升起，襯映著水面倒影，如果遇上晨曦彩霞，你就可以看到整個淡水河濱最壯麗的日出。這是單車族才會有的超級觀景點（因為汽機車不可能在橋上停車暫留）。

重翠橋日出。（攝影：Vicky Lai）

西面單車道由於有整條大漢溪的水面鋪展，視野無遮蔽，適合看夕陽。

重翠橋單車引道是雙北最特別的迴旋引道。

河濱為單車騎士打造的觀景台

　　淡水河上的大橋大都具有視野開闊（因為水面無遮蔽），橋面架高（為了水面可以行船）的特性，所以具有景觀台、瞭望塔的附加價值，尤其單車可以停靠欄杆邊自由賞景，比起汽機車只能快速通行更為有利。下次你騎上重翠橋、新月橋、台北大橋、關渡大橋、大直橋等，記得把速度降下來，看看你能看到什麼。

▶ 04 忠孝碼頭

　　忠孝碼頭是淡水河上依然在營運的碼頭之一，在忠孝橋的三重端北側，左邊隔著河堤與三重相鄰，右邊河對岸就是大稻埕碼頭，如果你順著河道往一點鐘方向看，就會看到座落在海拔三十六公尺高度的劍潭小山丘上的圓山飯店。

　　忠孝碼頭直線距離離圓山飯店其實比台北車站還遠，但在市區你一眼看不到，就會覺得要到圓山還有一段路程，不算近。但一來到左岸河濱，視線無阻攔，一眼就看見那黃色屋瓦在陽光下閃閃發亮，感覺距離就在咫尺間。可以想像當年台灣神宮蓋在這個山丘上，對沒什麼高樓大廈，甚至還是一派田園的台北居民而言，那會是一個多麼強烈而無法忽視的存在。難怪國府遷台就要把台灣神宮拆得片瓦不留。

在忠孝碼頭一眼就能看見圓山飯店。

左岸這一段河堤還用磁磚鑲嵌著許多老式黑膠唱片的封面，用來紀念三重曾經是台灣唱片工業大本營的歷史。

約在民國四、五〇年代，隨著電唱機的普及，台灣本土的唱片工業也開始發展，而全台黑膠唱片最大的生產基地就在三重，超過九成的黑膠都是在三重生產上市。

唱片公司因此也大量在三重出現。連帶著連歌星也在街頭巷尾挖掘出來，林英美、黃香蓮、江蕙、江淑娜、田路路、夏心、藍心湄、林青霞、司馬玉嬌、陳淑芳、井莉、四奇士合唱團等多人，都是出身三重的知名影視歌星。

▶ 05 台北橋

台北橋是市區欣賞「山水台北城」最方便的位置。空氣清透的時候，在橋上還可以看到大霸尖山，那裡是淡水河上游，大漢溪發源的山區就在附近，直線距離約七十公里。

最早淡水河是沒有橋的，渡河交通靠的是渡船，到劉銘傳開闢西線鐵路，選定的跨河鐵路橋就在台北橋現在的位置，因為河水流到這裡，兩岸夾束，是市區渡河距離最窄的地方。

台北橋是淡水河上的第一座大橋，對連結左右岸具有無與倫比的地位，本地鄉土稱呼「大橋頭」指的便是台北橋而不會是其他橋。等到捷運中和新蘆線要穿越淡水河，也得走這個地點，用河底隧道過河。

本圖拍攝的位置在台北橋的單車道，箭頭所指為大霸尖山頂。

▶ 06 蘆洲防潮堤頂單車道

　　整個淡水河濱左右岸單車道中，路幅最寬，視野最開闊的單車道，你可以在這裡盡情奔馳，享受追風的樂趣。請小心路兩端的減速帶和慢跑的人。

　　單車道中點往北看就是淡水河水域面最寬廣的地方，這裡有基隆河和淡水河交會，還有左邊觀音山區的北勢坑、觀音坑、五股坑等溪流匯注，水流匯集，河面寬大，讓人心情開朗。

▶07 天乙路集賢里墓區

從凌雲路轉天乙路，在天乙路 108 之 2 號對面，看到集福福德宮的標示牌就左轉上坡，沿主巷道前進兩公里，中間會經過集福土地公廟（小心兩隻黑狗頗兇），爬上最後兩百公尺陡坡，就會看到這一片清爽的草坪，以及一片開闊的大台北山水展望，這裡是我踏遍雙北，挖掘所有公路車可達的山頭，目前排名前列的大台北公路車俯瞰點。

這個地點沒有門牌號碼，你把下面經緯度座標數字輸入古哥地圖搜尋框，就可以獲得精確位置。

座標：25.110259, 121.440056
台北壯觀的山景、河景，市區著名的地標都可以一覽無遺。（這裡是私人墓園，上山請大家保持清潔。）

天乙路墓區有非常多位置適合俯瞰雙北。

完整的大台北最佳公路車俯瞰點清單，請見第四章（☞路線 44：大台北公路車最佳俯瞰點）。

▶ 08 獅子頭隘口

獅子頭隘口是改變淡水河命運的關鍵地點。

民國五十三年以前，獅子頭山與對岸關渡的象鼻頭，兩山夾峙，就扼住基隆河與淡水河匯流以後的出海路徑。早在清朝「關渡劃流」「獅象捍門」的景象就已經入選為淡水八景之一。

從地理水文的角度來說，兩河匯流，水量大增，但河道卻在這裡被迫收束卡關，水道窄則流速增，數百年來，淡水河要出海的水流，和河口漲潮時要漫延上陸的海水，就在獅子頭

清同治年間出版的《淡水廳志》所列全淡八景之一的關渡劃流。（影像來源：國家圖書館）

圖說：1940 關渡隘口衛星影像，這時候獅子頭隘口尚未炸開，關渡劃流景象依然清晰可見。（影像來源：Google）

隘口相撞，淡水海水勢均力敵，互相激盪成為「關渡三潮」的大景。

但一九六三年超級颱風葛樂禮橫掃北台灣，集水區大雨下了一千七百公釐，加上海水漲潮，以及剛啟用不久的石門水庫大洩洪，三力聚合讓整個大台北在水裡泡了三天三夜，死亡及失蹤超過三百，房屋傾倒毀損將近二萬五千戶。災後檢討，獅子頭隘口成為排洪的大問題。隘口太窄，洪水出不去，美軍水工專家建議炸開獅子頭，讓洪峰能夠加快出海。

第二年獅子頭炸開了，河道拓寬一百公尺，低潮期淡水河可以增加排水量，但若遇高潮期，海潮淹至，淡水一樣出不去。更不幸的是六〇年代是台北盆地因為超抽地下水而致地層下陷的時期，五股洲後村一帶，海拔只到零公尺，比海平面還低，過去每

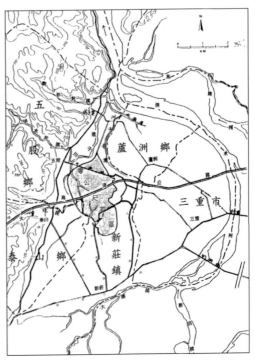

台北縣零公尺地區圖。（資料來源：楊萬全《臺北盆地零公尺地區的問題》）

逢淹水只會淹淡水的五股蘆洲良田，這時候變成淹海水。海潮淹過後，良田變鹼地，就再也無法耕作了。

一九八四年政府徵收五股洲後村等地，開闢為二重疏洪道。北區防洪計畫徹底改變了淡水河的屬性，她不再氾濫了，不再威脅市民的生命財產安全了，但是她也消失在我們的視野，幾乎離開了我們的生命。我們還能重新認識她，倘佯在她的懷抱嗎？希望本節的路線介紹，能夠激起你一探淡水河的慾望。

▶ 09 關渡宮靈山公園：郁永河與康熙台北湖

一六九六年，時當康熙三十五年，遠在福州城的一場大火燒掉了軍火庫的五十萬斤火藥。朝廷有旨要經管火藥庫的人負責賠償。這消息對知府是個麻煩，但對知府幕中一個性好遊山玩水的幕僚郁永河而言，卻是天賜良機，因為他在福建多年，已遊遍八閩，就差隔海的台灣無緣到訪，他自告奮勇說願意赴台採辦硫磺，用以炮製火藥，完成朝廷下達的旨意。

當時大家只知道台灣北邊雞籠、淡水出產硫磺，卻不知到真正的產地其實是在北投。郁永河討了這個差事，先坐船到台南採辦鍋爐、油鹽等冶煉設備和交易布匹等事物，兵分兩路，設備用船運送至淡水，本人則雇了牛車，一路千辛萬苦渡河過溪才到淡水。

淡水有漢人通事張大協助他蓋工寮，地點就在北投臨水的岸邊。這一天兩人坐船從淡水河口深入內陸，船到關渡，郁永

河這樣記載：

「由淡水港入，前望兩山夾峙處曰『甘答門』。水道甚隘，入門，水忽廣，漶為大湖，渺無涯矣。行十許里，有茅廬凡二十間，皆依山面湖，在茂草中，張大為余築也。」

這裡說的兩山夾峙，指的便是有「獅象守門」的獅子頭或關渡隘口了。而穿過關渡後所見無邊無際的大湖，則是歷史上曾經出現過的「康熙台北湖」。這是發生在西元一六九四年，郁永河到訪前三年發生的大地震，台北盆地因地殼錯動而下陷，海水灌入而形成的大湖。

從一七一七年（康熙五十六年）的地圖可以知道，大台北的開發是從淡水河口開始的，因為地圖的視角是從河口看向內陸。圖中兩帆並立的波浪區，就是康熙台北湖。（《諸羅縣誌》山川總圖北部。影像來源：維基百科。）

這個湖存在時間不長，大約數十年後就因淡水河三大支流帶來的上游泥沙淤積而漸漸消失。今天的關渡、社子未建起防潮堤之前都是洪氾區，就是這個古代湖泊的歷史痕跡。

事實上地質學家告訴我們，這樣的地震導致地層下陷，再被泥沙填平的事件，在台北盆地的數十萬年地質史上已發生過數百次，現在盆地西側最深的沈積地層探測起來竟然達七百公尺之厚，可以想見我們現在所處的時代，其實只是一次又一次的地震下陷過程中間一個暫時的平靜期而已，下一次的大震，沒道理不照著這數百次的規律繼續循環（而這也是地質學者不斷呼籲雙北要加速都更，改建老舊建築的原因）。

所以當我們說淡水河造就了台北，那是什麼造就了淡水河呢？答案顯然就是——地震（或者說板塊運動）。是地震使得盆地成形，水系匯集，淡水河也才能在這裡淤積肥厚的沃土，並透過河道，如血管般深入四周山林輸送貨物。

現在我們知道從關渡往東南延伸，沿著林口台地邊緣，經過五股、泰山到新莊，有一條活動斷層叫做山腳斷層，那應該就是一六九四年製造出康熙台北湖的地震根源了。地點吻合，製造大型地震的潛能吻合，那裡累積台北盆地中最厚的沈積層也吻合。

郁永河達成採辦硫磺任務回福州覆命之後，寫了一本遊記《裨海紀遊》詳述他這一路在台灣所經歷的見聞、風土和地理形勢，是早期台灣史極珍貴的一手史料。而他所描述的康熙台北湖，更成為地理學家研究台北盆地地質史的珍貴線索。不管在地質研究或都市計畫上都有非凡的價值。

而他所採辦的硫磺更是台北第一個打開世界知名度的輸出品。台北尚未定名之前，北投就已經以硫磺成為大航海時代東亞列強口耳相傳的火藥原料之鄉了。

▶ 10 關渡防潮堤單車道

從河雙休息站到關渡宮，全長三點五公里的單車道，是台北最容易飆速的單車道，車道架在河堤上，視野開闊，風光無阻，一邊稻田，一邊河景，騎起來非常痛快。假日人車多需小心。

▶ 11 雙溪單車道

從河雙休息站往南，沿著河濱，不要上洲美大橋的引道，不久就會碰到雙溪自行車道。從第一個過水橋切到外雙溪左岸，騎往至善公園。

外雙溪河濱顯然有認真維護，綠草如茵，景色怡人，騎起來非常舒服。這裡我們要騎到至善公園轉往故宮。

▶ 12 故宮

至善公園往故宮，會碰到故宮路，那是自強隧道銜接士林的路口，進出車流龐大。交通單位為了解決車流，把慢車道畫在五線車道的正中間，左右四線全是汽車道，單車騎士要怎樣從外線切進中線的慢車道呢？

祕訣是從至善公園沿人行道走，經過東吳大學到中影門口的紅綠燈。請在這裡等過馬路的綠燈，綠燈一亮你就可以輕鬆地騎到中間的慢車道了。因為這時候至善路紅燈，所以沒有汽車會跟你搶車道。

　　故宮正門右側，有通往停車場的單行道，單車循著緩坡爬

上去，可以穿過遊覽車下客區，然後從警衛站前牽車上二樓這個無人的廣場。車友可以在這裡盡情拍攝各種大場面鏡頭。（本次行程以串連訪點為主，故宮解說留待他日。）

▶ 13 劍南路俯瞰點

　　離開故宮後，從至善路往東行。約一點六公里可以看見劍南路路牌，右轉進入山道。二點六公里緩坡到達劍南路高點銅心米粉寮休息站，這條路是新手練坡的入門路線，坡度緩和，平易近人（當然對新手來說，沒有什麼坡是平易近人的）。

　　由此下滑五五〇公尺有小路，右轉，前行一六〇公尺，是一個小公園，這裡是劍南路俯瞰松山機場及台北市區的俯瞰點。夜景尤其壯觀。

座標：25.089049,121.550549

如果用長焦相機可以在此拍出飛機在大樓間起降的景深壓縮效果。

▶ 14 大直橋

　　從劍南路俯瞰點下滑到路口，建議走明水路上大直橋。不然走北安路的話，要在莊敬隧道前的圓環迴轉，而單車很難切進那個迴轉道。

　　我們要在大直橋的單車道上稍事停留，因為這裡是北區極少數不用爬山就可以欣賞壯麗黃昏美景的地方。尤其春秋兩季，太陽直接在河道方向下山，如果出現晚霞，天上與河面紅光輝映會非常壯觀。

大直橋夕照

▶ 15 終點：圓山站

看不見的起家河（上）

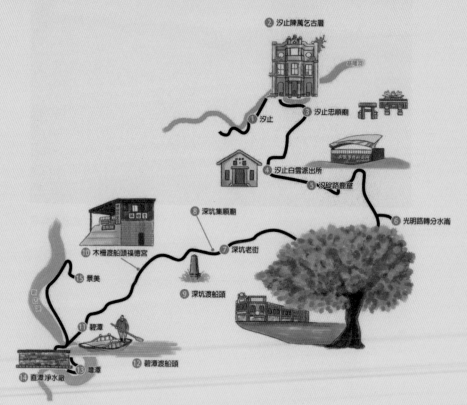

② 汐止陳萬乞古厝

③ 汐止忠順廟

① 汐止

④ 汐止白雲派出所

⑤ 汐碇路鹿窟

⑥ 光明路轉分水崙

⑧ 深坑集順廟

⑦ 深坑老街

⑩ 木柵渡船頭福德宮

⑨ 深坑渡船頭

⑮ 景美

⑪ 碧潭

⑫ 碧潭渡船頭

⑭ 直潭淨水廠

⑬ 灣潭

　　從衛星地圖俯瞰雙北，淡水河三大支流貫串整個盆地，這三條支流源頭都非常遠，基隆河從平溪繞去基隆一圈才往西流，新店溪上游就是供應雙北水源的北勢溪和翡翠水庫，而大

漢溪更可以一路上溯桃園、石門水庫，最後到苗竹交界的大霸尖山附近（品田山）。

三大支流從山區穿山越嶺而下，一進入盆地，地勢低平，流速變緩，整個盆地區全部都是感潮河段（因為河面水位在河口高潮線之下，只要出海口漲潮，就會迫使內陸河段水位上升，稱為感潮河段）。淡水河出海口潮汐的起伏漲落，決定著盆地內河面的高低。只要不是颱風暴雨，你在河濱看到一天兩次的河水漲落，就是因為海面正逢高潮或低潮。

因為水流平緩，加上三大水系上游集水區腹地寬廣，終年水量充沛，淡水河水系成為全台唯一一條具有內河航運功能、全年可通航的河流。

盆地地形導致了內河航運的可能性，內河航運則塑造了大

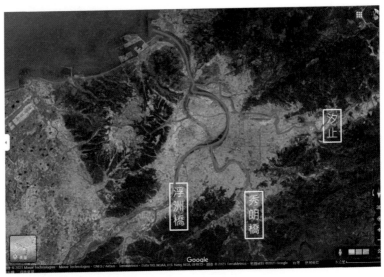

淡水河三大支流及其感潮河段。（來源：古哥地圖，作者後製。）

台北的命運。一部大台北開發史，其實就是淡水河的水利航運開拓史。有水才能耕種，這點很容易理解；有水還可以通航，這卻是淡水河在台灣獨一無二的先天優勢，而這件事很少人能給它足夠的重視。

　　從十八世紀以來，漢人入墾雙北就是從海口沿著河道，從八里、淡水一路往內陸深入。河道深入山區，山產林礦，丘陵茶葉，染布大菁以及平原區的稻米，透過淡水河外銷大陸乃至全世界。新莊、艋舺、大稻埕，以及其他區域性的老街都是這樣興起的。

　　河道不只可以把內山的林礦物產集合以後輸出，河道也可以從外港送來本地缺乏的資源。雙北所有的老街為什麼都在河邊，答案就是這麼簡單：沒有河運，就沒有貿易，沒有貿易，就

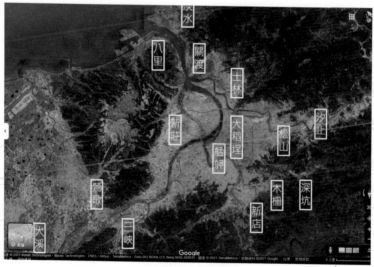

雙北老街全部都有碼頭。（來源：古哥地圖，作者後製。）

沒有繁榮，沒有繁榮，就沒有人修樓、開港、集市、蓋廟……最後變成老街。整個大台北的興盛原來就是靠貿易起家的。

因為淡水河，台北才成為台灣的首都。一八七四年沈葆楨來到台北，看見商帆雲集，貨物通暢，整條水系出口佔台灣總出口的大半，稅收躍居全台之冠，他立刻做了決定，台北應該要建府（「臺北擬建一府三縣」摺）。因為這裡是台灣經濟的大命脈，稅收最富饒的地方。

台北在尚未有台北之名以前就是一個貿易之城，而淡水河正是那條為台北帶來富庶與繁榮的「起家河」。

遺憾的是如今我們可完全忘了她。

我們把行水區約束在二百年防洪標準之下，上百公里的堤坊，兩層樓高的大牆，確實成功馴服了多少世紀以來洪患、淹水、流田、奪命的威脅。但我們也封鎖了對淡水河的記憶。

淡水河還在，她好端端地流淌過台北盆地，只不過她再也跟這個城市沒有瓜葛了，她不再灌溉，不再舟楫，不再通航（看看藍色公路做半天還是做不起來），不再讓我們行吟江畔，與山光水色共度晨昏。我們完全沒有意識到，我們喝的、用的、清洗的、做成冰棒的、賣成四神湯的……，所有的水都來自她，她如今變成了一條在我們的意識裡看不見的起家河。

怎樣能夠把大河重新帶回我們的視野呢？每一個偉大的城市都應該有一條河流過我們的生活，滋潤我們的心靈才對。

我希望能找一條路線，讓我們騎訪淡水河水系，看見河的源頭，經歷的波折，帶來的繁華與滄桑，婉約與澎湃，持續哺育著我們的那些水源；看見她的美麗、痛苦，與希望。

◎ 起點：南港展覽館站
◎ 終點：淡水海關碼頭
◎ 難度：第三級，勇腳運動級，勇腳行程，
　　需要風櫃嘴不落地實力
◎ 里程：第一天 67.5 km，總爬升 773 m ＋
　　第二天 50.7 km，總爬升 354 m
◎ 備註：雙日行程，1-15 是第一天，16-33
　　是第二天

手機掃碼進入
GPS 路線地圖

◎ 路線爬升示意圖

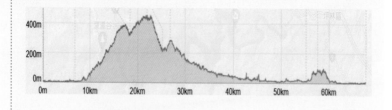

▶01 汐止：感潮河段

　　我們大河的故事從汐止開始。汐止的優勢是這裡是基隆河谷進入台北盆地的最後一站，而且就在台北城區通往基隆的中點，當年最繁華的時代，這裡萬商雲集，出過許多大富家族，周邊山林物產無不匯集到這裡，再轉運至台北。但現在我們大部分人已經不知道汐止曾經如此輝煌了。

　　基隆河谷位在南港和基隆之間，直線十二公里的長度，平均海拔不到二十公尺，因為地勢低平，基隆河從山區迴轉進入

河谷以後，就開始迂迴、蜿蜒起來，河谷內大大小小的曲流至少十幾個彎，橋梁高達三十餘座，是全淡水河水域橋樑最多的地段。河道雖然纏繞，但河面平緩卻有利於通航，這是汐止得天獨厚的地利條件。

河面平緩，航運發達，貨船可直接從淡水或大稻埕直通汐止。汐止早年舊名叫「水返腳」，就是因為每逢淡水河口漲潮，河水就連動著漲潮，水位漲勢從淡水直抵汐止。汐止今名也描述了相同的事——潮汐到此為止。這種會跟著海潮而漲落的河域，現在我們稱為感潮河段。

這個平緩的河谷造就了汐止的繁榮，周邊平溪、石碇的茶葉，都要經過汐止才能轉運銷售。但這地形也帶來不小的麻煩。只要一逢颱風大雨，汐止市區就會大淹水，這種狀況一直到員山子分洪道興建，加上汐止沿河蓋起抗洪堤防，水患才終於不再成為威脅。

基隆河谷的第二個特色是東北季風。每年秋末，潮濕的海風沿著河谷灌進來，秋冬兩季的汐止幾乎都是陰雨綿綿的天氣。汐止年平均雨量可達三千六至四千公釐，這當然是當年周邊茶葉盛產的氣候條件，卻也是汐止往年水患的大背景。

河谷的第三個影響是一個歷史事件。甲午戰敗，台灣割讓，第二年，日本近衛師團由北白川宮能久親王率領從鹽寮登陸，他就是沿著基隆河谷向台北城推進。

北白川宮為什麼放著河面寬廣的淡水河不走，卻要迂迴從基隆河谷挺進呢？故事很長，我們在忠順廟一節詳述（☞路線21_3）。

汐止到基隆這一路有一串奇特的地名，叫五堵、六堵、七堵、八堵，跟河谷地形也有關係。

　　從南港往東，第一站在橫科口新蓋的單車道上，停下來回望隔著公路對看的小南港山，這裡是台北進入汐止第一個碰到的山頭，基隆河在這裡轉了一個近乎銳角的 V 型轉折。清代文獻紀錄了這裡的一個古地名叫「頭堵」。

　　這裡山河相會，狹路相逢，從劉銘傳時代開始，通往基隆的火車就要在這裡開鑿山洞（下圖箭頭所指處），要不然就只能把軌道開到河面上了。左岸單車道為什麼直到最近才打通汐止到南港，也是同樣原因──河岸就是山，沒地開路了。

　　攤開地圖，我們會發現基隆河從山區進入河谷以後，每一次河道做 U 型大迴轉，圍起來的地方就正是今天以五、六、

開鑿山洞

七、八堵命名的位置。因此我們可以理解「堵」命名的原因，原來就是基隆河在河谷中遭遇的高地。每次撞到高地，去向被「堵」住，河道只好轉彎，這樣就留下了從台北方向算過來，頭堵到八堵的地名痕跡。當年在河上行船的水手應該會覺得河道蜿蜒，行船距離增加好多，每次碰到一個山頭忍不住就會念：過頭堵了、過二堵了、三堵、四堵……算是辨認水程的簡單方法。

沿著這些大轉彎河道所建的堤防，就是今天我們單車騎上來的單車道，這也就是你覺得汐止單車道為什麼那麼迂迴曲折的原因。你來汐止騎車的時候不要太抱怨，因為你輪下的路基原先畢竟不是建來給人騎車用的。

▶ 02 汐止陳萬乞古厝

沿著自行車道往上游走，通過禮門街，你一定會注意到右邊一座廢棄的西式老宅，這是陳萬乞古厝。當年基隆河航運暢通的時代，汐止是銜接台北城和基隆之間的交會點，往來商客、貨運都在這裡休息、中轉、交易，而汐止週邊的山產煤礦、茶葉，更是以汐止為貨物的集散中心，這造就了汐止輝煌的時代。

陳萬乞經營中藥材批發生意因此致富，就在汐止碼頭邊蓋了兩層樓的豪宅。二樓的露臺現在跟單車道齊平，當年堤防未築，這裡可是瞭望碼頭，觀察貨船是否到港的好地方。你覺得汐止是小地方嗎？這裡可是出過許多富豪的貨物集散重鎮哩。

▶ 03 汐止忠順廟

前面說到馬關條約割讓台灣，日本近衛師團捨淡水河直接登陸台北的路線不走，卻迂迴從鹽寮登陸，循基隆河谷挺進。

這中間有一段故事：當年中法戰爭，日本派了海軍艦長東鄉平八郎隨法軍觀戰。法將孤拔奇襲馬尾，殲滅南洋水師，轉攻基隆，卻在淡水大敗收兵，這些全都看在東鄉眼裡。日後日軍收台的乙未戰爭中，北白川宮所採用的戰術就是記取法軍教訓，遠離淡水，改從另一條河，也就是基隆河，向台北推進。這就是近衛師團為什麼會出現在汐止的原因。

同一時間台北城內兵荒馬亂，預定對抗的台灣民主國從上到下不戰而潰，散兵游勇在城內公開劫掠，地方仕紳苦不堪言，大家集合在龍山寺開會，決議邀請當時駐紮汐止的近衛師團入城安民。

決議既成，需要有特使前往送信，誰敢去呢？找來找去這個差事落在一個不到三十歲，從鹿港上來的年輕商人身上，他叫辜顯榮。汐止便是辜顯榮正式接觸日軍的地方。隨後汐止蘇家邀請能久親王入駐蘇府大宅，這裡更成為日後興建汐止神社的地方。

日本治台殖民末期，為了加速融合台人，便利徵兵，開始推展皇民化運動，各地獎勵「國語家庭」，漢傳宗教嚴格限制，廟中神像要集中火化請神歸天，各街庄改建日式神社參拜，蘇府大宅東邊便蓋起了頗具規模的汐止神社。蘇宅因為曾經由能久親王駐紮，被總督府指定為「水返腳御遺跡」，獲得保存而免遭拆除。

戰後東側神社拆除，蘇宅則改建為忠順廟，奉祀在唐朝抵禦安祿山，以忠義聞名的保儀尊王。廟埕廣場、公園參道上還可看到日式石燈、狛犬，可以想見汐止神社當年的規模。

▶ 04 白雲派出所：百年派出所遺址 ───────

汐止往南通往石碇的汐碇路五點一公里處，有石階通往歷史建築白雲派出所。這裡往南可到石碇，往北可到汐止，往西到南港，往東則是曾經爆發鹿窟事件的鹿窟光明寺，派出所就蓋在這一片原始蟒林山區的交通控制樞紐位置。

為什麼要在這個人煙稀少的地方蓋派出所呢？因為日本統治初期這裡曾爆發十三份抗日事件，加以這裡當年是茶產重鎮，農業人口不少，一九二〇年日本人就在這裡設了派出所監控，至今已經屆滿百年了。

▶ 05 鹿窟：一個紀念共黨起事失敗的地方 ──────

汐碇路盡頭可以看見一座鋼製的現代雕塑，這是鹿窟事件紀念碑，二〇〇〇年由當時的台北縣長蘇貞昌設立。

鹿窟事件正好可以展現台灣當今藍綠對抗，互相爭奪歷史解釋權的概況。一個發生在一九五二年，中央政府從大陸撤退到台還不到三年，在距離首都圈不到八公里的偏僻山區，爆發了中共地下黨在鹿窟地區經營武裝訓練基地的事件。

要描述鹿窟事件，不能不理解一下當時的歷史背景。

一九四九年國民政府從大陸撤退抵台，而當時中共在台佈建的地下黨員因二二八事件而急速增加，中共省工委開始積極配合中共軍事攻台的準備。對岸人民解放軍則集結五十萬兵力在福建沿海待命渡海。這是台灣風雨飄搖的年代，國府在發現島內有大量台共潛伏之後，便採取肅清政策，大批處決中共地下黨員，即使是思想左傾也加以拘捕，全島嚴控言論，以免重蹈大陸山河易幟的覆轍。

一九五二年的鹿窟事件就是在此背景中發生。在藍綠兩方的觀點中，一邊說這是共黨武裝叛亂，陰謀顛覆政府；另一邊則說這是高壓圍捕，刑求逼供，造成無數冤獄而致家破人亡——到底誰說的對呢？現在若回顧當時，如果鹿窟基地訓練成功，果然顛覆了政府，今天台灣會是什麼模樣呢？

所以嚴刑逼供固然是錯的，不分首從，故意略過武裝叛亂的事實，一樣也是錯的。武裝叛亂，屯兵軍火，組訓村民軍事操練，就算在民主化的今天，也已經超越言論層次進入著手實施的階段了。騎車不是只有遊山玩水而已，騎車也會直面撕裂台灣的舊創。

這個地點似乎跟本章「起家河」的主題沒關，不過上一段說日本時代的十三份抗日事件，和本節的鹿窟事件，地點都在這附近，其實可以旁證一件事，就是這裡具有非凡的軍事價值，往北可以入據汐止，控制台北往基隆的鐵公路，往西直接進入南港，等於進了首都盆地。萬一軍事不利，往東、往南則是更原始的叢林深山，利於躲藏。

這一片山區幅員龐大，但全部都屬於淡水河水系覆蓋的

範圍。基隆河上游的支流像微血管一樣流淌了這裡的每一寸土地，淡水河不只孕育了大河航運，也孕育了山林物產，同時還孕育了可以嘯聚對抗的沃土。

這些都是淡水河的禮物，有些讓我們發思古之幽情，有些則讓我們重新思考我們所接受的歷史，真的足夠完整嗎？

▶06 光明路轉分水崙

這裡是基隆河和景美溪的分水嶺。一邊的水往東，另一邊的水往西，但奔流上百公里之後，她們最後會在關渡相逢。

分水崙這裡有人立了標記說是基隆河源頭，純粹只談「基隆河」的話，這裡當然是基隆河最長的源頭，不過如果我們談的是基隆河「整個」水系的話，一條河的源頭指的應該是該水系長度最長的支流，而基隆河最長的支流則是竿蓁林溪，發源於獅公髻尾山。

這個源頭因為海拔太高，山路太陡，在「起家河」這一節我們沒辦法納入，不然總爬升要翻倍了（獅公髻尾山單車可達，本書有專門行程介紹，請見下一節：基隆河溯源之旅（☞路線 24）。

▶07 深坑老街

跨過分水崙我們就進了景美溪的勢力範圍。你可以感受到一路開始緩緩的下坡到達深坑。深坑為什麼叫深坑，就是因為

這裡是群山丘陵裡的一個地勢比較凹下的地方。

深坑老街是淡蘭古道（南路）的中繼站，我們今天很難想像地處偏遠的深坑為什麼曾經這麼繁華；其中的原因跟我們這一章的主題直接相關，因為這裡是淡蘭古道中繼點中最大的水陸碼頭，這裡不只有古道經過，景美溪的航路更可以從這裡直通艋舺、大稻埕，甚至關渡。

安溪人移民到這裡，帶著祖先的信仰（保儀尊王），也帶著故鄉的茶種在這裡生根落戶。深坑周遭的茶園從清朝開始，就這樣年復一年，從山坡丘陵，透過水路動脈，到大稻埕加工製成聞名世界的福爾摩沙茶，最後出口到紐約。

深坑現在水運沒落了，但老街在周末假日卻會擠滿逛街的人潮，因為從這裡經過台北聯絡道進市區不到十公里，開車只要十分鐘，外地旅行團常常會以深坑為進入市區的休息點。國道三號到南港，國道五號到宜蘭，在深坑附近都有交流道，水運衰退，但陸運卻重振。這是深坑老街命運的新里程。

▶08 深坑集順廟

深坑集順廟主祀雙忠保儀尊王及保儀大夫，即唐玄宗安史之亂時，死守睢陽城的張巡和許遠。安溪人初到深坑，頗為原住民出草所苦，所以就從景美把雙忠信仰帶至深坑。雙忠一方面有保鄉衛國的事蹟，二方面也有抗疫除瘟，防治茶葉病蟲害的神能，可以說有安溪人的地方，就有雙忠信仰。

集順廟除了是深坑老街的信仰中心，這裡的廟口美食也是

排隊名攤，想吃老街著名的石板臭豆腐不可錯過。

▶ **09** 深坑渡船頭 ————————————

　　從集順廟往東約經過七八個店面，右邊同側有穿堂可以穿過街屋直抵景美溪邊，那裡有深坑古渡船頭的解說牌，解說當年戎客船雲集深坑渡船頭的風華年代。深坑為什麼能有老街的繁華，這個渡船頭佔有重要原因。

　　深坑周邊的山區，茶葉、樟腦、藍染大菁經由鄉民收成之後，集中至這裡由經銷商收購，再用船運沿著景美溪運至艋舺、大稻埕，經加工、包裝後外銷至世界。大稻埕是整個台北盆地的加工出口區，深坑則是此地周邊物產的轉運站。

　　淡水河水系像一張密布的血管圖，從山林的微血管，送至深坑這樣的小動脈，最後匯集到淡水河的大動脈。養分、物料、產業、消費品，都透過這個運輸網在盆地間往來。

▶ **10** 木柵渡船頭福德宮 ————————————

　　這裡是木柵曾經是船舶航運碼頭唯一留下的痕跡。木柵山區的茶葉，從山上的古道用人工搬運下來，然後透過這裡或景美的船運，往下游送至艋舺、大稻埕。

　　如今航運消失，渡船頭幾經大水已無蹤跡，只剩下堅守職責的土地公廟，獨踞河濱小山頭。

▶ 11 碧潭

　　碧潭不是潭，是新店溪流到這一段開闊地，河域變寬，流速變緩所形成，因為河域寬，所以稱之為潭，因為流速緩，適合行舟遊船，所以變成熱門的風景區。早在日本時代碧潭就入選過日日新報的台灣十二勝景之列。

　　但更早在乾隆初年，郭錫瑠在大台北區尋找水源，希望能灌溉今天台北大安、松山、信義等盆地東半部，他沿著新店溪上溯，看上了碧潭上游的青潭溪，這裡地勢夠高，水量充沛，父子兩代經營，終於建成了台北開發史上著名的瑠公圳，全盛時期灌溉面積達整個台北盆地的東半邊（敦化南北路以東）。

　　至今我們還可以在碧潭邊上看見瑠公圳取水口原址的遺物、瑠公圳殘存的圳路，以及紀念當年施工時與本地泰雅族衝突殉職工人的萬善同歸所。

▶ 12 碧潭渡船頭

　　這裡是從清代留存下來的渡船頭，也是全國唯一僅存的人力擺渡渡口。岸邊按鈴即可招來艄公，連人帶自行車均可搭乘。我們要從這裡渡船到對岸——灣潭。

▶ 13 灣潭

　　新店溪在直潭進入平緩河谷，形成巨大的 S 型曲流，灣潭和直潭分別占據 S 型的兩個凸岸。從灣潭河岸爬上新潭路，那

裡可以俯瞰直潭淨水廠。

▶ 14 直潭淨水廠 ─────────────────

　　直潭淨水廠雖然在新北的新店，但卻是台北市的事業單位，直屬於北水處管轄，這個淨水廠每天從南勢溪和翡翠水庫取水，供應雙北地區六百萬人口每日用水所需。台北人每天喝的水絕大部分都來自這裡。我們至今都是靠淡水河為生，但我們只從水龍頭接觸她，而忘了河本身。

▶ 15 景美 ─────────────────────

　　景美在景美溪和新店溪的交會口，幾乎所有景美溪上游的山產物產，都要透過景美溪運補、交換。上游是丘陵、山地，下游是農地、平原，所以這裡除了是水路運輸碼頭，也是當年郭錫瑠開闢瑠公圳，從新店溪取水後，圳道跨越景美溪接入台北盆地的地方，因為景美以下就進入農業地帶了。

　　事實上，景美為什麼叫景美，就是得名於瑠公當年設計的木造跨河水道，水道橋舊名曰梘，景美就在跨河梘的尾端，古名梘尾，後來逐步雅化才變成了景美。（同樣都是水，新店溪的水為何過景美溪還要架水橋穿越呢？原因是為了維持水位高度。新店溪取水口水位高，一路維持高水位，進入臺北盆地才能去灌溉地勢較高的東區，不然直接取用景美溪水，就只能灌溉西區了。）

看不見的起家河（下）

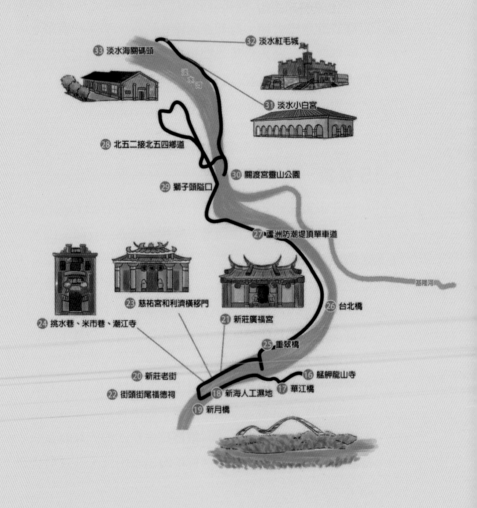

㉝ 淡水海關碼頭

㉜ 淡水紅毛城

㉛ 淡水小白宮

㉘ 北五二接北五四鄉道

㉚ 關渡宮靈山公園

㉙ 獅子頭隘口

㉗ 蘆洲防潮堤頂單車道

基隆河

㉖ 台北橋

㉓ 慈祐宮和利濟橫移門

㉑ 新莊廣福宮

㉔ 挑水巷、米市巷、潮江寺

㉕ 重翠橋

⑯ 艋舺龍山寺

⑳ 新莊老街

⑰ 華江橋

㉒ 街頭街尾福德祠

⑱ 新海人工濕地

⑲ 新月橋

◎里程：50.7 km，總爬升354 m
◎備註：雙日行程，1-15是第一天，16-33是第二天

手機掃碼進入
GPS路線地圖

◎路線爬升示意圖

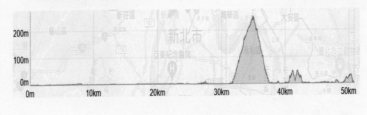

▶ 16 艋舺龍山寺 ─────────────

▶ 17 華江橋 ─────────────

　　華江橋是萬「華」通往「江」子翠的大橋，也是北市河濱直通板橋唯一的單車道。從河濱騎到華江橋，就會看到環島一號線的標示牌，沿著標示你就會找到上橋的弧形引道。

▶ 18 新海人工濕地：生態 ─────────

　　因板橋區衛生下水道系統接管率低，由新海抽水站承接板橋地區生活污水直接流入大漢溪畔的新海人工溼地，利用溪畔十三公頃的高灘溼地進行自然生態淨化工程，改善大漢溪的水質。

溼地裡因為生態豐富，變成罕見候鳥的棲息點。不時就可見到賞鳥人士守候在草叢邊，靜待罕見野鳥現身。我攝影這天，大家守候的是一群栗小鷺。

▶ 19 新月橋

　　新月橋聯通板橋與新莊老街，僅供單車與行人通行，夏日夜晚有街頭藝人演奏、獻唱，氣氛熱鬧而歡樂。

　　橋面東西兩側視野皆極開闊，也是觀賞晨昏彩霞的好據

新月橋

點。跨過新月橋進大漢溪左岸單車道往北，過新海橋後會看到一座有裝飾的天橋，扛車上天橋，沿思明街騎進新莊路，看到廣福宮，就是新莊老街了。

▶20 新莊老街

臺北盆地四面環山，基隆河、大漢溪河谷是兩個延伸向外的緩坡，雖然平緩易通行，但中上游也還是山，要進河谷都要先翻山，而從淡水河進來，不管登陸或行船都方便得多。所以漢人入墾台北，是從淡水河口方向進入盆地的。

西元一六九四年，康熙大地震把台北盆地西半部震落（☞ 21_30），三重、蘆洲陷入水面之下，海水從關渡倒灌進來，新莊忽然變成了峽灣內陸的海港，仰賴著新莊平原幅員廣闊的大平原豐饒的物產，新莊變成北台灣最繁榮的港口街市。

這裡有平原的稻作，也有沿著大漢溪可以深入山林的腹地，可以把樟腦、茶葉和大菁染料集運輸送出來。兩種地形的中間點，就是新莊老街碼頭。全盛時期大船可以直達通航，物產輸出，民生物資進口，都可以在這個中間點匯集交易。

據《新莊市志》所載，乾隆時期台北湖開始淤積，鹹水退出台北湖，海船停在八里坌常被鹹水中的牡蠣、海藻等生物附著損害，所以多沿淡水河上溯到新莊，新莊雖在內河，卻有海港性格。繼八里坌之後，這裡變得更熱鬧繁華，碼頭河面千帆雲集，大家說這裡是新興的街莊，於是命名為新莊。

日本時代的新莊郡包含今天的三重及林口。（影像來源：維基百科）

▶21 新莊廣福宮

　　廣福宮位置不算在老街最熱鬧的中心街區，是粵籍移民進入老街後興建的移民信仰中心（乾隆四十五年）。主神祭祀的是廣東潮州最普遍的三山國王。

　　大家都說三山國王是客家信仰，嚴格說來這種說法不太正確。潮州有說潮州話的潮州人，也有說客語的客家人，他們都供奉三山國王。只要是潮州人，就有三山信仰；但是潮州以外的客家人就沒有這個信仰。因為三山神是地域性的，而不是族群性的。

　　根據近人調查，廣福宮始建的潮州族群說潮州話和客家話的都有。所以坊間常見新莊地區是閩客械鬥並不精準，應該說是閩粵械鬥更合實情。

　　閩粵械鬥讓人數居少數的廣東人不敵，撤退至桃園等地，只留下原本的鄉土神和少數講潮州話的潮州人，孤零零地守在

廣福宮

舊家。光緒八年（一八八二）廣福宮毀於街庄大火，還得仰賴遠在新竹的潮州仕紳陳朝網發動潮州鄉親勸募才能整修。

　　台灣廟宇通常幾十年就會大翻修一次，舊有建材，除了龍柱、石雕、聯柱、碑銘會保留紀念之外，大部分都會拆除重建。廣福宮則因為原信族群遠離，香火不繼，從昭和十一年（一九三六）至今皆未翻修，所以保留了近百年的古蹟原貌，還有粵籍大木匠師所設計的整體樸素結構，與傳統閩式華麗的

奉兩憲示禁碑：「詣等慘受剝膚難堪，抄粘禁諭、匍控憲轅，查案示禁、除害安民。」這座古碑亦可見證當年閩粵族群間，相處不甚融洽的一斑。

三王來朝。廣福宮無論木雕、石雕，刻工都非常細膩，廟門兩側龍虎堵上面的花鳥堵還暗含典故，圖案刻畫的牡丹、鳳凰、麒麟，分別對應花中之王、鳥中之王和百獸之王，是花鳥獸三王來朝見三山王的意思。

屋宇裝飾大不相同。

廣福宮不是老街闢建最早的廟宇，但卻是老街唯一的國定古蹟（其他三座都是市定古蹟），廟中還收有劉偉近、劉能詒等所立乾隆古碑「奉兩憲示禁碑」，內容是潮州移民多次陳請，請淡水同知重申：禁止閩人以修建寺祠為名，行強制攤派苛斂之實。由碑文內容即可見證當年閩粵族群間，相處不甚融洽。

今天我們來到廣福宮，一定會很詫異在這繁華的廟街上，竟然會有如此清幽的古廟，門庭空蕩，香火寂寥，一扇山門之隔，就是喧囂與寧靜的差別。廣福宮不幸失去信仰她的族群，但也極其幸運因此保存了古老的風貌而成為國家級古蹟。你如果單人前來，值得在中庭廟階上坐一會，細細品味三山國王的複雜心境。

▶22 新莊：街頭街尾福德祠

大抵在台灣各處老街，街頭街尾兩端都會有一座土地廟，一方面作為管轄地域的標誌，二方面也常常結合地區防衛的隘門，成為門樓或城牆性質的屏障。新莊老街也不例外，東西兩側各有一座土地廟。東側一座為新莊福德祠，在廣福宮之前，西側一座為全安宮，在新莊路五二三號。

兩座土地廟比較特別的是座向，尤其是全安宮；大部分土地廟，廟口都會正對老街路衝，因為土地公守財，把土地廟蓋在老街頭尾，可以鎖住財氣避免外洩，新莊福德宮就是標準座向，不過西端全安宮廟口卻是朝外，理由是大漢溪從西往東流，水主財，廟口開向水來處，可以廣納財源。

標準大路衝的新莊福德祠。

▶ 23 新莊：慈祐宮和利濟橫移門

　　慈祐宮是廟街最重要的信仰中心，除了廟中諸神的聖誕賀辰之外，新莊街區整體的中元普渡就是由慈祐宮主普。當然慈祐宮的重要性遠不只此，慈祐宮主祀媽祖，對一個以港埠繁榮的老街而言，沒有比主管航海、航運的女神更重要的事了。

　　慈祐宮是北台灣第二古老的媽祖廟（僅次於關渡宮），

廟宇座向正對著大漢溪碼頭，每天由媽祖照看著千帆雲集河面的航行安全。為了維持廟務運作，慈祐宮在乾隆年間還有權力向大漢溪、新店溪、景美溪各渡口徵收「渡稅」，有月費還有年例。像「擺接下渡頭，每年納銀乙十貳兩」「大坪林渡頭，每年納銀六兩」「溪仔口高江渡（在景美），每年納銀四兩六錢」，這還是經地方官特許的。這些事蹟可以在廟中保留的乾隆古碑「慈祐宮渡稅店租額碑」上看見。從碑文記事可以想見當年慈祐宮作為地方公廟，信仰圈的「勢力範圍」可以到達今天的樹林、土城、萬華、公館、新店、景美等各個早期開發區。這些地方經營渡船都要繳稅給新莊慈祐宮。

八〇年代大漢溪修築高標準堤防，把老街和大漢溪一舉隔開，老街居民紛紛把街區日趨蕭條的原因，怪罪到堤防阻擋了媽祖和大漢溪的關聯，破壞了老街的風水。縣府後來終於應地方之請，花了三千餘萬元建了利濟橫移門，非颱風日就打開，讓媽祖每天都能看見河水。

▶ 24 新莊：挑水巷、米市巷、潮江寺

新莊路二七八巷是一條如果沒有人指路，你一定會錯過的窄巷。這條長四十公尺，寬不足一公尺的小巷，從老街通往北側的後村圳（現在加蓋變成馬路了），過去老街商戶所需的民生用水多取自這條圳溝，以挑水為業的挑夫每天就從這條小巷往返送水。

連通巷做得如此狹窄，原因是為了防禦，走到巷底可以看到歷史紀念建築隘門遺構。隘門如今沒有門板，但當年則有

厚重門板，白天打開，夜晚封鎖，萬一隘門突破，因為巷弄太窄，所以敵人也只能單列推進，防守方很容易逐一對付。

米市巷稍微寬一點，但一樣很容易錯過，在新莊路三八七巷。這條巷子通往大漢西邊的碼頭工人休息處（現在改建成潮江寺），因此挑米苦力習慣從這條巷子往來老街與碼頭，所以被稱為米市巷。

老街在當年有許多大糧商經營米行生意，新莊平原盛產的稻米本地吃不完，就在這裡賣給貿易船商，送至福建廈門、泉州等糧食不足的地區。板橋林家最早就是在老街經營米行生意而起家。後來林家因為是漳州人，跟老街占多數的泉州人不合，才遷至對岸的板橋重新經營。

米市巷尾的潮江寺就是因應漳泉衝突，把原先的草厝增高為二樓作為觀測「敵情」的望樓，日本時代又翻修成磚造，二〇一三年獲選為新北市歷史建築。

新莊老街處處充滿了族群恩仇的痕跡，起先是閩粵衝突，後來是福建人自己打起來（漳泉械鬥），如今熱鬧的卻在板橋，老街的爭奪戰，又是誰勝誰負呢？這也是今天我們緬懷歷史需要警醒的。

▶25 重翠橋：雙溪匯流 ───────
（☞路線 21：山水台北城 _3）

▶26 台北橋 ──────────────
（☞路線 21：山水台北城 _5）

▶ 27 蘆洲防潮堤頂單車道

（☞路線 21：山水台北城 _6）

▶ 28 獅子頭隘口

（☞路線 21：山水台北城 _8）

▶ 29 北五二接北五四鄉道：大台北公路車俯瞰點

　　北五二鄉道是一條蜿蜒在觀音山東側的爬坡道，轉角的展望點可以俯瞰淡水五虎崗的地理形勢。

　　上到山腰後左轉接北五四鄉道，這條路則是一條全程俯瞰台北市區，視線連結關渡大橋、關渡碼頭、關渡宮、淡水河、

北五四俯瞰台北，這個視角跟康熙古地圖非常像。
座標：25.133718, 121.443427

從清朝的地圖可以知道，大台北的開發是從淡水河口展開的，因為地圖的視角是從河口看向內陸。圖中兩帆並立的波浪區，就是康熙台北湖（☞2路線21：山水台北城_30）。（《諸羅縣誌》山川總圖北部。影像來源：維基百科。）

社子島、重陽橋與台北一〇一的絕佳俯瞰點。從這個角度看，台北就像是個河港城市，清楚看見水路延伸進入市區。真正理解清朝古地圖所畫的「山水台北城」的真實風貌。

▶30 關渡宮靈山公園

（☞路線21：山水台北城_9）

▶31 淡水小白宮

在淡水文化路，沿著馬偕街騎上迂迴的小山坡，小公園旁的一棟洋樓，是清朝的淡水關稅務司官邸。

清朝的海關官邸為什麼會蓋成西式洋樓呢？答案是因為清朝請了英國人來收海關關稅。那海關又為什麼要聘英國人呢？

那真是個遙遠的故事了。約一百七十年前（一八五三、咸豐三年）上海小刀會趁著太平天國動盪舉兵反清，攻陷上海縣城，上海道台兼江海關監督吳健彰逃入租界避難。由於江海關停止運作，英法等國就自行推派稅務官向洋船徵收關稅，以便放行貿易。

第二年吳健彰以出讓上海海關和租界權益為條件，換取英、美、法對清朝鎮壓小刀會的支持。雙方簽訂《江海關組織協定》組成洋關，這是洋關制度第一次在中國海關史上正式出現。

事件平息之後，洋關管理權交回，滿清朝廷赫然發現洋人代收關稅上繳，稅金居然比自己人收的還高，而且高出二倍三倍之多。（當時率湘軍討伐太平天國的曾國藩就曾在日記中記載：「咸豐三年劉麗川攻上海，至五年元旦克復，洋人代收海關之稅，猶交還七十餘萬與監督吳道。國藩嘗嘆彼雖商賈之國，頗有君子之行。」）

西元一八五八年（咸豐八年）清廷在第一次英法聯軍戰敗後，與俄、美、英、法簽了天津條約，其中對英法兩國的附約中加註了「海關聘用英人幫辦稅務」的條款。

合約註明要請外國人在自己的海關收稅，這看起來像是個城下之盟，但對清政府而言，這卻是樂意之至。因為清朝在這個安排下，關稅大增，一八五九年，稅課收入高達二百六十三萬兩，是戶部定額的六十倍。一八六五年上海海關統一管理全國海關後，十年間，稅收從八百三十萬兩增加到一千二百萬兩，在清朝的財政收入中，關稅占了二〇％以致於「洋關」制度到了辛亥革命都沒有變動。

淡水海關的稅務司官邸就是因為這個緣故，由英國人主持洋關，所以官邸才會蓋成西式的洋樓。

英籍稅務司官員選址在淡水五虎崗第二崙的小高地，官邸選址還有一個用意，就是在這裡任何時候都可以看見淡水河口往來進出的船隻，要抓逃稅船很方便。

▶ 32 淡水紅毛城：台灣最古老的完整建築 ——

十七世紀時，這裡曾經是西班牙人的聖多明哥城，一六四二年荷蘭人擊敗西班牙人，在這個山頭重建城堡，命名為安東尼堡，但台灣人通稱荷蘭人為紅毛，所以這個城堡就以紅毛城的名稱流傳下來。明鄭與滿清時代也曾經派兵駐防，修葺城樓。

到一八六二年淡水開港，洋人與洋行雲集淡水，英國就在一八六七年與清廷簽訂永久租約，租用紅毛城作為領事館駐地。因為是永久租約，紅毛城等於是英國租界（但有趣的是租約內有一條允許清軍進出使用城址內的舊砲台）。而又因為當時英國根據《五口通商章程》享有領事裁判權，英人犯罪由英國領事審判，所以領館使用的安東尼堡一樓就隔出了四間牢房以便執行領事裁判事務。

紅毛城南門外有石刻界碑，上面刻有「VR 1868」字樣，VR 是維多利亞女王的拉丁文縮寫，1868 則是領館修訖的年代。這個英國租界歷經日本殖民，一直到一九八〇年才歸還中華民國。紅毛城主體是荷蘭人在一六四六年興建的安東尼堡，

歷經明鄭、滿清、英國整修改建，是台灣最古老的完整建築。現在是國家一級古蹟。

▶33 淡水海關碼頭：淡水開港 ———————

淡水小城為什麼會有國際海關呢？

淡水之有海關，原因不能只看淡水。前面提到天津條約，這個英法聯軍之後的戰敗條約，除了規定派公使，對英法賠償之外，還增加了山東、長江、台灣（即台南）等地作為通商口岸。

英國人還到台灣考察，發現鹿耳門港區水淺，大船無法靠岸，而淡水「自福爾摩沙北西海岸流入大海，滿潮時水深十六英尺。自古此港為臺灣與省城間之捷路。河口近處，北岸的大屯山和南岸的羅漢山（觀音山）可作為進港時之良好目標。從兩山間隘口深入內陸六英里，在條約指定之港口範圍內，可讓很多適度載重的商船得以安全碇泊。」

所以英國特別指定要開淡水作為國際通商口岸。

▌淡水開港

一八六二年（同治元年）淡水設關開港，整個淡水流域和台北盆地就加入了國際化貿易的大市場。以前淡水以郊行帆船為主，開港後隨著領事官員派任、海關開設，洋行商館紛紛前來設址辦事，貿易主力就開始轉成洋行主導。過去淡水出口貿易多半是米、樟腦、煤、木材、茶、糖、硫磺等，開埠後茶、糖、樟腦開始成為出口大宗。台灣烏龍茶打出世界性名聲就是

在這個時期。

北台灣貿易額自從一八七〇年代開始加速。頂港（滬尾和雞籠兩港）的進出口淨值一八六九年為七十四萬海關兩，到一八九四年已經高達八百三十萬海關兩。二十五年成長十一倍之多。全台貿易額四分之三從淡水關吞吐（占七十四點九％）。

沈葆楨在一八七四年到台北時，淡水水系出口的總收入就已經占台灣總出口的大半，他立刻做了決定，台北要建府（臺北擬建一府三縣摺）。因為這裡是台灣經濟的大命脈，稅收最富饒的地方，前途未可限量。

淡水海關碼頭，正是翻轉台北命運的關鍵推手。

▌ 碼頭區

碼頭區的建設自清朝起，直至日本時代完工，才逐漸形成現有的樣貌。現存的構造包括臨河碼頭本體，滿清時期興建的洋樓一棟，及日本時代的倉庫兩棟。

越靠東側的碼頭興建年代越早，從繫船柱用整塊觀音山石製成可以判斷。靠西側的繫船柱已經都採用鋼筋混凝土架構，是較後期的成品。

整個碼頭區在黃昏後都是理想的淡水暮色觀賞點。淡水之旅把海關碼頭排為行程的最後一站，可以在欣賞夕陽餘暉之後完美結束這一天的行程。

路線 24

基隆河溯源之旅

　　基隆河是淡水河的三大支流之一，網上的基隆河源頭通常說是在新北一〇六公路的「分水崙」附近，但實際上，那裡只是基隆河和景美溪的分水嶺，不是整個水系最長的源頭。真正的源頭還要更往南，從北四三（即俗稱的藍鵲公路）進入，接近南山寺前的岔路右轉，可以抵達獅公髻尾山，這裡是基隆河、景美溪和北勢溪的分水嶺，才是真正的基隆河發源的源頭。

① 南港舊庄街
② 獅公髻尾山（坪林南山寺）
⑤ 新店捷運站
③ 坪林茶葉博物館
④ 石碇千島湖土虱頭
北勢溪

從這裡計算，基隆河總長約八十四公里，流域面積約五百○一平方公里，集水區幾乎是台北市的兩倍大，是台灣年雨量排行數一數二的地區。這裡終年有雨，尤其冬天雨量更驚人，完全逆反台灣大部分水系冬天變成枯水期的狀態，因而為淡水河終年可以通航也挹注了重要的水利條件。

　　艱難提醒：此行程總爬升超過二千公尺，如果不是腳力超凡，則可以爬上獅公髻尾山後就原路回頭，這樣可以省下後段一千公尺的爬升。

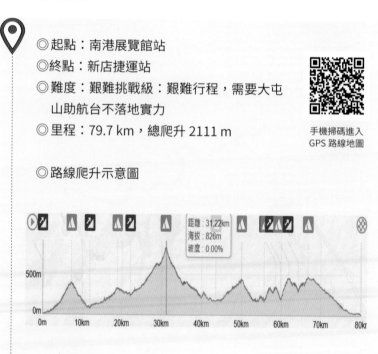

◎起點：南港展覽館站
◎終點：新店捷運站
◎難度：艱難挑戰級：艱難行程，需要大屯山助航台不落地實力
◎里程：79.7 km，總爬升 2111 m

手機掃碼進入
GPS 路線地圖

◎路線爬升示意圖

距離：31.22km
海拔：826m
坡度：0.00%

500m
0m
0m　　10km　　20km　　30km　　40km　　50km　　60km　　70km　　80kr

▶01 南港舊庄街

▶ 02 獅公髻尾山

　　獅公髻尾山在坪林南山寺西北約一公里處，海拔八四〇公尺，是基隆河、景美溪和北勢溪的分水嶺，也是基隆河真正發源的源頭。山頂視野很好，向西偏北可以看到南港、松山等市區，向東及南邊可以看到雙溪、坪林的山景。

　　這裡舊名火燒寮，是北台灣著名的雨區。秋冬的東北季風經常帶來連日不停的降雨，夏季的颱風更會帶來驚人的雨量，素有北台灣暴雨中心的名號。這裡的雨量大部分會流入基隆河，每每造成下游汐止地區的災情；北區防洪計畫為此在瑞芳開通員山子分洪道，以便應付這裡的暴雨，分洪道最多可把八成洪峰直接排入大海。

火燒寮 360 度山頭環景

這個山頭有三百六十度的環景展望，可惜公路車只能到半山，最後三百公尺山路是四百級的階梯，必須扛車硬上（當然也可以把車子放在階梯口）。

攻頂最末段是四百級階梯

▶03 坪林茶葉博物館 ─────────────

　　坪林茶業博物館是台灣唯一的茶葉主題博物館。館內設施多元，可以體驗茶葉文化，了解坪林的生態和舊日生活。製茶

過程的體驗可以讓訪者參與採茶、炒茶到包裝等製程。新北市民免費參觀。

館中還收藏清末台灣總兵劉明燈親題的虎字鎮風碑原碑。此碑原立於坪林跑馬古道北宜交界處。五〇年代警總在坪林闢建管訓中心時移入警總，二〇〇五年經台北縣文化局爭取，重回坪林，由茶葉博物館保存。

博物館後方山坡上的思源臺，供奉由大稻埕分靈而來的「茶郊媽祖」。在此可見坪林茶葉與大稻埕緊密相連的關係。

▶ 04 石碇千島湖土虱頭

千島湖就是翡翠水庫，訪客因為這裡水域漫山浸谷，看起來像湖中有無數小島，所以俗稱為石碇千島湖。

千島湖

翡翠水庫是首都雙北的救命水源，雙北日常用水約有四分之一來自這裡，但如果碰到颱風或暴雨，原本主要取水的南勢溪水濁度飆高，則會轉成由翡翠水庫直送原水到直潭淨水廠，避免市民打開水龍頭出現黃濁自來水。

　　現在整個南北勢溪每天供應雙北約六百萬市民的日常生活用水。

　　千島湖上有多處以動物形象命名的湖中島，土虱頭是其中特別象形的一座。爬千島湖的山路跟一般爬山相反，這裡是先下坡抵達湖邊，然後才上坡回到北宜公路。

▶05 終點：新店捷運站

台北盆地簡史

路線 25

全世界五大洲到處都有盆地，我們出生就在盆地裡，很容易覺得台北盆地是天然的存在，沒什麼了不起；不過如果探尋一下台北盆地的形成，則會發現地質史的變化遠遠超過我們能想像的程度，山會拔起，土會裂開，湖會變海，林會變田——這盆地的地質地貌值得我們好好探訪一回。

六百萬年以前，台灣是沈在太平洋底的砂石沈積區，你知

① 貴子坑教育園區
② 第一公墓
⑤ 關渡大橋
③ 關渡平原
⑥ 獅子頭隘口
④ 關渡宮靈山公園
⑦ 天乙路集賢里墓區
⑧ 蘆洲防潮堤頂單車道
⑩ 蘆洲周烏豬切仔麵
⑨ 三重玄武宮
⑪ 二重疏洪道
⑫ 瓊仔湖福德宮
⑬ 明志書院

道這三千萬年的沈積岩可以在北投看到嗎？等到菲律賓海板塊撞擊歐亞板塊，蓬萊造山運動興起，使台灣開始浮出海面，這時台北還是一片低矮的丘陵。古新店溪向西奔流出海，在今天林口地區形成大片的河川沖積扇。

四十萬年前，一股反向的張力扯住台北，地層從山腳斷層斷開，台北盆地開始陷落，林口台地相對上升，大漢溪和基隆河因此從各自的出海口開始改道流入盆地與新店溪會合，淡水河三大支流終於成形。十八萬年前，大屯火山的劇烈噴發阻塞了淡水河道（鄧屬予，臺北堰塞湖考證），河水迅速漲滿整個盆地形成堰塞湖，這是台北盆地的古台北湖時期。

古台北堰塞湖維持了兩萬年後在關渡潰決，湖水溢出形成今天淡水河的出海河道，而盆地則重回河川平原地貌。

九千年前，最後一次冰期結束，全球暖化融化冰河，海面上升，海水沿淡水河口灌入，把台北盆地變成了一個出口極窄的峽灣，這是盆地的台北灣時期。淡水河三大支流從山區帶來大量泥沙在海灣中累積，最後使盆地積滿了土石沈積物而填平了海灣。這段時間山腳斷層的能量持續釋放造成大地震，使盆地持續下陷，每一次下陷就會使低地快速被河川帶來的土石填平。根據鑽探井測量所得，盆地西側沈積層最深達七百公尺之多，地質學者推測這是數十萬年來，數百次大地震使地層不斷下陷，又不斷填平所造成的結果。最近一次有史可考的山腳斷層地震發生在西元一六九四年，即康熙三十三年。

這次康熙大震後，海水自關渡灌入而形成大湖，被郁永河所親見（記錄在他的台灣遊記《裨海紀遊》中 ☞ 21_9）這

就是台北地質史上著名的康熙台北湖。康熙台北湖形成後，新莊老街成為海灣接陸地的大港，這是當年新莊內港興起的地質原因。而河川挾土石填平地層的效應，則是新莊、艋舺、大稻埕等相繼興起的老街，又相繼因河道淤淺而失去內港優勢的原因。

　　台北盆地是一個地質變化劇烈的地方，地質史上充滿了大地震、海灣、堰塞湖、河川氾濫平原交替變動，山腳斷層的大地震隨時可能再發生，大屯火山的熔岩也極可能再度堰塞淡水河道（這會導致整個盆地在極短時間就變成一個堰塞湖）；在地質學家眼中，我們生存的這個時代只是一個相對平靜的寧靜期。

　　想看見真正的滄海桑田，請來走這一遭。

◎起點：貴子坑教育園區
◎終點：北投焚化爐觀景台
◎難度：艱難挑戰級：艱難行程，需要大屯山助航台不落地實力
◎里程：75 km，總爬升 620 m

手機掃碼進入
GPS 路線地圖

◎路線爬升示意圖

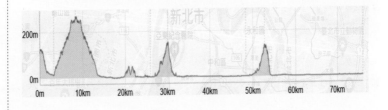

▶01 貴子坑教育園區：北台灣最古老的岩層 —

貴子坑藏著北台灣最古老的岩層，五指山層。這種由石英砂岩和高嶺土沈積經過三千萬年地層積壓形成的沈積砂岩，不但訴說著千萬年的地質史，也透露了台灣島誕生的祕密。

大約在三千萬年前台灣島尚不存在，華南古陸塊的河川大片沖刷著泥沙，沈積在太平洋底，這樣累積了兩千多萬年，泥沙堆積了不知幾千公尺厚，底層泥沙被這種巨大壓力擠壓，變成了硬質的砂岩。

到了五百萬年前，菲律賓海板塊（沈在海底的地殼）撞上了歐亞板塊，不斷擠壓的結果，海底沈積的砂岩開始被推擠上升，浮出海面。

地質學家稱這次劇烈的推擠為「蓬萊造山運動」。貴子坑這一片砂岩就是在這個過程中，因為摺曲作用而從三千萬年的地層下現身。板塊運動同時也帶來地震和火山，最終形成北台灣最核心的地質結構。

貴子坑所產的高嶺土是燒製瓷器的高級原料，從滿清時代開始，這一帶就有窯業生產瓷器，日本時代及戰後更大規模開採，以致於水土保持失效，造成山崩洪水，後來政府明令禁止開採，將這片山坡地轉成教育園區。北投的窯業也因此而結束。

▶02 第一公墓：眺望林口台地 ————————

第一公墓眺望林口台地

▶03 關渡平原

關渡平原在康熙台北湖時代是沉浸在水下的湖泊，隨著河水帶來的泥沙逐漸淤積，慢慢形成略高於海平面的洪氾平原，平常可以耕作，可是遇到大雨也常常淹水，所以這裡被闢為行水區，禁止開發。

關渡平原是雙北地區碩果僅存保留下來的農耕地，這裡還維持農業耕種的面積約二百公頃，每到七月第一期稻作成熟，站在平原中心，四望風吹稻浪，遠方是大屯山和觀音山的剪影，相較於池上的秋收美景一點都不遜色。

如果起得夠早，約七點以前，往北投方向可以看到三股清煙從山谷中升起，那是女巫在山上熬藥施法的結果——至少早期的平埔族是這麼認為的，平埔原住民把這個地方稱為「北投」，意指女巫施法的地方。

關渡平原稻浪

清晨北移的三柱煙

▶ 04 關渡宮靈山公園

（☞路線 21：山水台北城 _9）

▶ 05 關渡大橋 ————————————————

　　關渡大橋現在看起來已經不太會讓人驚豔了，不過在一九八三年剛完工時，可是當時亞洲第一座、世界前三的鋼拱橋，也是當前台灣最長跨徑的拱橋。大橋施工時橋體全部用焊接連結，所以橋面沒有伸縮縫，行車平穩。

　　當年造橋時由於巨型吊車欠缺，承包商唐榮公司就利用淡水河感潮河段的特色，以工作船搭載整段焊接完成的鋼拱橋體，趁漲潮時拖至橋墩正上方，落潮時自動降至正確位置，完成升降安放作業，是國人自創的潮汐工法，別具特色。

　　關渡地區扼守台北進出海洋的水路，關渡指揮部在這附近有重兵駐防，關渡大橋當年興建時也負有防衛重任，在必要時由工兵爆破墜落河面成為河面阻絕體。

▶ 06 獅子頭隘口 ————————————————

（☞路線 21：山水台北城 _8）

▶ 07 天乙路集賢里墓區 ————————————————

（☞路線 21：山水台北城 _7）

▶ 08 蘆洲防潮堤頂單車道 ————————————————

（☞路線 21：山水台北城 _6）

▶09 三重玄武宮五千年牛樟樹頭 ────────

台北盆地有許多演替階段，其中曾經存在一個巨木森森的亞熱帶森林時期。

捷運蘆洲線施工時，三和國中站前挖出了一株樹齡超過五千年，樹圍達十三點二公尺，七個人都無法合抱的牛樟，是大台北地區曾經掘出最大的巨木標本。現由三重玄武宮收藏管理，存放座標為：25.074795, 121.484575 （三重車路頭街一〇九巷）。

這株牛樟被泥石掩埋地底已達千年，生長在上一個冰河時代晚期，台北盆地灌滿海水成為一個以關渡為海潮進出口的海灣，因為淡水河水系的土石沈積，海水又漸漸退出，此後又有多次地層下陷，河泥掩埋，終於把一棵原本生長在地表的五千年巨木埋入二十二公尺深的地底。這株巨木標本足以見證台北盆地地層反覆下陷又掩埋的地質史。

▶10 蘆洲周烏豬切仔麵 ────────

蘆洲的切仔麵是北部的經典麵食，與台南的擔仔麵齊名，同屬常民小吃，廣受大家喜愛。切仔麵早期是以市民早餐的角色登場，有錢人早餐吃肉粥，打工階級就吃物美價廉的切仔麵。

周烏豬切仔麵是首創切仔麵的老店，味道正宗，黑白切各式小菜處理精緻，店內食客川流不息，但服務效率極高，即使車隊進店也不會等候太久。值得一試。

▶ 11 二重疏洪道

一九六三年超級颱風葛樂禮橫掃北台灣，大台北淹水三天三夜，死亡及失蹤超過三百人，房屋傾倒毀損將近二萬五千戶。災後檢討，認為獅子頭隘口（☞路線 21：山水台北城_8）是導致洪水無法宣洩的元兇，於是在隔年炸開了隘口兩岸的山頭岩石（☞路線 21：山水台北城_7）。

不幸隘口炸開以後，海潮反而長驅直入淹沒了五股蘆洲一帶的良田，海潮淹過後，良田變鹼地，就再也無法耕作了。一九八四年政府徵收五股洲後村等地，開闢為二重疏洪道。

疏洪道現在是親子共遊的大公園，對單車族而言，也算是溝通新北各區的單車捷徑（大部分熟手會嫌穿越疏洪道的紅綠燈太多）。

▶ 12 瓊仔湖福德宮

瓊仔湖是泰山林口交界的一個山間小台地，台語地名裡的「湖」通常不是指聚水而成的湖泊，而是指山間地勢低平的地形，瓊仔指的則是烏桕樹，早年這裡種滿了烏桕（果實可做蠟燭、肥皂，木材可做家具），所以稱為瓊仔湖。

多年前第一次到這裡就很好奇，這泰山往林口的陡坡上，為什麼會有個氣派非凡的土地廟？不只廟埕廣大（以這裡的山勢而言），而且前庭開闊，俯瞰台北一覽無遺。若沒有地緣上足夠多的殷實族群，很難想像這種規模的土地廟如何能蓋起來。

往地圖周遭追查，喔，土地廟旁邊就是義學坑自然公園，

二〇二一年中秋後一日，在瓊仔湖福德宮俯瞰大台北。

這是個好線索，因為泰山的地名裡，「義學」一名指的是當年有「北台首學」稱號的明志書院。不意外書院古蹟正就在土地廟通往山下的古道起點。

找到明志書院自然會想起王永慶創辦的明志工專（現在的明志科大）也在泰山，校園就在西南邊不到一公里的地方。環繞明志書院周邊除了明志科大，還有同屬台塑系統的長庚科技、南亞科技和南亞塑膠，台塑在這裡有這麼多地緣設廠，是因為風水好嗎？

再查下去，明志科大和明志書院中間是泰山巖顯應祖師廟，這是泰山居民的信仰中心，而顯應祖師則是泉州安溪人的

原鄉信仰。安溪人在乾隆年間（一七五四）就帶著祖師金身來林口、泰山地區開墾，開墾什麼呢？

林口地區多霧，安溪人在原鄉又善於種茶，所以林口從清代開始就是大台北地區的產茶重鎮（全盛期占整個台北盆地茶產量的一半），而泰山則是林口茶葉送至新莊出口的必經之路，因此發展成為交通轉運、休補的商業街。

現在林口茶葉衰微，新莊老街失去貿易港功能，泰山自然失去了商業轉運的地位，安溪人創造的繁華如今也歸於平淡。至於王永慶為什麼在這裡蓋了這麼多關係企業的工廠？查一下王永慶的祖籍便知，王永慶祖籍安溪，原來這裡是安溪同鄉的大本營。

▶ 13 明志書院

明志書院是北臺灣最早的書院，比位於艋舺的文海書院（後更名學海書院，現為高家祠堂）還早七十年，以全台灣目前尚存的書院來說，則是僅次於雍正四年臺南的奎樓書院。

一七六八年（乾隆二十八年）汀州永定貢生胡焯猷捐資獻地，在泰山腳下建了義學。義學當時有學田八十甲做辦學開支，廂房十二間，頗具規模。次年由閩浙總督楊廷璋更名為明志書院（見現址壁牆上的興直堡新建明志書院碑），成為北台灣最高學府。北台灣新興區域學子就不必南下新竹或彰化才能找到學校讀書。

一七八一年淡水同知成履泰因為廳治所在缺乏書院，就把

明志書院從泰山搬到新竹，舊址便更名為新莊山腳義塾。日本時代泰山士紳募捐重建為今貌，大廳供奉宋儒朱熹及胡焯猷，至今每年教師節（九月二十八日）明志書院仍然會祭祀兩位先賢。

書院前有惜字亭，是新北地區僅存的四座惜字亭之一，建於同志年間。惜字亭是傳統書院、文昌祠常見的標準配置，用於焚燒有字的廢紙，是傳統表達對知識學問尊重的態度，廢紙需焚化，不能當垃圾隨處亂丟。

▶ 14 新莊老街慈佑宮

老街（☞路線 23：看不見的起家河（下）_20）
慈佑宮（☞路線 23：看不見的起家河（下）_23）

▶ 15 社子島坤天亭

社子島上的信仰中心，主祀中壇元帥哪吒三太子。三太子信仰主要流行於南台灣，北部多半是以統帥五營兵馬，鎮殿守護的中壇元帥神格陪祀。社子島坤天亭是北區少見以中壇元帥為主神的廟宇。坤天亭每三年舉行繞境儀式，是社子島的宗教盛事。

由於社子島早年逢雨必淹，坤天亭興建時就要考慮如何與水患共存，一樓全部架空，平時作為活動中心，水淹時也可以任憑淹水，水退沖洗乾淨即可恢復日常參拜。神殿全部放在二

樓以上的空間，包括主神中壇元帥、黑虎將軍等。其實民間智慧要做到與水共融並不困難，社子島如果能打造成一個與水共生，以水為特色，水來帶財，水去重現繁華的水上社區，可能要比用九公尺高牆封鎖全島更生態得多。

三太子腳踏風火輪常常變成運輸業的守護神，單車騎士腳踩雙輪其實在造型上更為吻合，騎車到此不妨上樓參拜一番。

▶ 16 社子大橋

社子大橋是全台第一座平衡式單塔斜張橋，總長六三○公尺，連通社子及北投。橋面有人行道、單車道、機車道、汽車道，並有預留的社子輕軌專用車道。社子橋預計還要加上蘆社大橋連通延伸到蘆洲，串連雙北。社子橋塔和北投焚化爐煙囪是北區城市天際線最明顯的兩個地標。

▶ 17 北投焚化爐觀景台

市政府為了回饋市民，在北投焚化爐的巨大煙囪上興建了三百六十度的觀景台。一年除了春節，差不多日日開放，免費上塔。開放時間到晚上九點，所以還可以上塔看夜景。觀景台標高一一六公尺，這在關渡平原上可算是一個極佳的俯瞰點了。

北投三千萬年

　　在台北還沒有命名為台北之前，北投就已經出現在歷史舞台上了。在大航海時代，每一個需要槍砲火藥的武裝集團，都知道這個盛產硫磺的地方。

　　北投是一個地理決定命運的小城，火山造就了硫磺與溫泉；關渡隘口帶來險要的形勢；陽明山造就了關渡平原的農

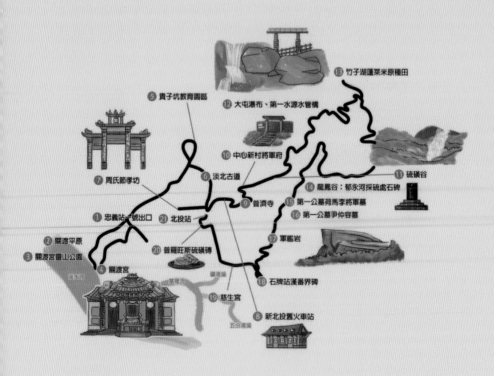

⑬ 竹子湖蓬萊米原種田
⑫ 大屯瀑布、第一水源水管橋
⑤ 貴子坑教育園區
⑩ 中心新村將軍府
⑥ 淡北古道
⑪ 硫磺谷
⑦ 周氏節孝坊
⑭ 龍鳳谷：郁永河採硫處石碑
① 忠義站一號出口
⑮ 第一公墓荷馬李將軍墓
② 北投站
⑯ 第一公墓尹仲容墓
② 關渡平原
⑨ 普濟寺
③ 關渡宮靈山公園
⑰ 軍艦岩
④ 關渡宮
⑳ 普羅旺斯硫磺碑
⑱ 石牌站漢番界碑
⑲ 慈生宮
⑧ 新北投舊火車站

業，大屯山則擋住了多雨的東北季風形成溫和少雨的居住環境。現在北投最有特色的溫泉及農業產業，均可回溯自數百萬年來地殼變動的結果。

北投有雙北最古老的岩層（貴子坑），最早的寺廟（慈生宮），最早的媽祖廟（關渡宮），最古老的現地建築（周氏節孝坊），還有在大航海時代影響整個大東亞軍事平衡的特產（硫磺），以及最終改變台灣人米食習慣的蓬萊米實驗田。放眼台北，沒有哪個區比北投擁有更強大的全國影響力了。

但我們都不知道北投在台北盆地開發史上的關鍵意義——這是「北投三千萬年」行程為何會誕生的原因。我們要一起重新認識這個山水匯聚的美麗小城。

◎ 起點：忠義站
◎ 終點：北投站
◎ 難度：第四級，艱難挑戰級，艱難行程，
　　需要大屯山助航台不落地實力
◎ 里程：45 km，總爬升 898 m

手機掃碼進入
GPS 路線地圖

◎ 路線爬升示意圖

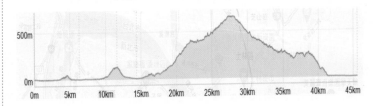

▶ 01 忠義站一號出口 ─────────────

▶ 02 關渡平原
（☞路線 25：台北盆地簡史 _2）

▶ 03 關渡宮靈山公園 ─────────────
（☞路線 21：山水台北城 _9）

▶ 04 關渡宮 ─────────────

關渡宮是北台灣最早建立的媽祖廟，從康熙五十一年（西元一七一二年）至今已有三百餘年歷史。台灣俗諺說：「南有北港媽，北有干豆媽。」干豆即是關渡的同音別稱。

關渡宮由於建廟最早，地處要津，信仰圈輻射範圍已經不限於北投本地，而擴大到北台灣各縣市，每年元宵過後，來自北台灣各地的村里就會帶著神將、陣頭來到關渡宮，恭迎關渡二媽分身，前往所在庄頭繞境賜福，鎮邪安民。由於黑臉的二媽靈驗神蹟流傳甚廣，所以每年有高達四百餘起奉迎請求，關渡宮為此徵得媽祖同意，另外雕刻了二媽分身數十座，以便應付各方需求。如果你來到關渡宮看見陣頭鑼鼓喧天，不要詫異，那只是一年四百餘起「請關渡媽」的年例祭典之一。

這個範圍涵蓋北台灣的「請關渡媽」信仰，因為傳延悠久，信仰圈幅員廣闊，所以跟龍山寺的中元盂蘭盆會、保安宮的保生文化祭、霞海城隍廟的五月十三迎城隍和青山宮的青山王暗訪，同列為受保護的台北無形文化資產的重要民俗。

關渡宮西側停車場邊有關渡名產鹹鴨蛋，值得採購。

▶05 貴子坑教育園區

（☞路線 25：台北盆地簡史 _1）

▶06 淡北古道

大業路和北投路口有一條斜岔分支的小路，豐年路，轉進豐年路就像來到時光隧道，安靜無聲，偶爾有機車穿過，這裡是淡北古道的一段，先民挑擔，駕著牛車走過這裡，輸送貨物到關渡。

▶07 周氏節孝坊

節孝坊

前行一百公尺，迎面會看間一座古意森森的石砌牌坊，那是台北僅存的三座清代牌坊裡，唯一一座保留在原址未搬遷的周氏節孝坊。周氏本名周絹，早年喪夫守節撫孤，侍奉翁姑至孝，因此獲得閩浙總督奏請，由皇帝傳旨特許建造。

節孝坊以觀音山石打造，第一層上書聖旨碑，文武官員經此皆須下馬牽行。牌坊現在所立的豐年街由於交通轉移，已經不再是交通要道，民政局重修時乾脆在兩邊加砌兩對矮石柱，以阻止汽車通行，更能保護這一座三級古蹟在立地原址繼續留存。

第一次知道北投有這麼古老的古蹟時，我頗為困惑，這種古蹟不是應該在新莊還是萬華嗎？為什麼是在北投呢？答案是後來才知道的，因為北投是大台北盆地最早開發的地方，有雙北最早的寺廟（慈生宮），最早的媽祖廟（關渡宮），還有在大航海時代影響整個大東亞軍事平衡的特產（硫磺）：這裡有最古老的現地建築應該也不會太讓人驚訝了。

北投的地利之便是，漢人從關渡進入盆地，北投是第一個平原區，水土豐美，舟楫便利，現在唭哩岸慈生宮主祀神農大帝，是淡北寺廟之始（據台北縣志），可以印證這裡是以農業開墾起家。

只不過北投腹地太小，能夠容納的人口不多，又沒有良好的港灣，無法變成貨物吞吐的集散大港。也許也因為這樣，豐年路才能幸運地免於拓寬開發的命運，因而也才讓周氏節孝坊巍巍站立在這清幽的小路上。

▶ 08 新北投舊火車站

「新北投站」是指捷運新北投站，新北投「車」站則是指古老的新北投舊火車站。這個舊站是古老的淡水線火車站中，唯一僅存的老站，其他舊車站全都因為火車廢線，改成捷運，而全部拆光了。

新北投這個地點會設火車站，原因是在日本時代新北投溫泉業的發展，因為人潮多了，交通需求增加，就在一九一六年鋪設了新北投支線，讓旅客方便來此泡湯洗溫泉。

一九八八年為了將淡水鐵路改建為捷運線，淡水線含新北投支線同步廢線，軌道及車站全數拆除，但新北投車站則幸運獲得彰化台灣民俗村收容，用可復原拆遷方式遷至彰化重建。

但僅相隔七年之後，北投就開始有呼聲希望「老車站回娘家」。這個呼聲持續了十八年，經過地方人士及北市府歷屆文化局長斡旋，二〇一四年這個車站終於再次編號拆解，送返北投。再經三年施工，新北投舊車站終能重組竣工重新開放。座落區位在北投七星公園內，距離原始的車站位置約五十公尺。

新北投車站的整修，有些人覺得修補的木料用得太新，失去整舊如舊的原始滋味，不過新一代的古蹟維護理論，其實更主張要保留古蹟在時代催折中的痕跡，整修要能讓古蹟續存，但又要能辨識哪些是已經腐朽使用新材填補。讓觀者得以見證時代加諸古蹟的損毀痕跡。

現在在現場你就可以清楚分辨，哪些是新補的檜木，哪些是歷經百年滄桑的老木頭了。

▶09 普濟寺

　　普濟寺寺址最早是北投鐵道部員工集資興建的佛寺鐵真院，由圓山的臨濟宗護國禪寺派法師擔任住持，是臨濟宗妙心寺派在臺北的布教據點。寺院風格是台灣極少見的日本禪寺風格。

　　同一時間北投溫泉業者為求觀音守護，自行製作了「湯守觀音」石刻佛像，安置在湯守觀音堂內。不過湯守觀音命運坎坷，安座地點幾經遷移，最後在一九三四年鐵真院最後一次改建時，被納入鑲嵌在正殿千手觀音像後面的牆壁上。

　　戰後日本禪寺風格的鐵真院改名為普濟寺，並在一九九八年由市政府列為市定古蹟。湯守觀音像則在每年春節大掃除後，以湯守觀音見面會方式供四方參拜。

北投湯守觀音。（出處：北投普濟寺臉書）

▶10 中心新村將軍府

中心新村是三軍總醫院北投分院的眷村，而這個分院前身則是日本陸軍臺北衛戍病院北投療養所。而在更早之前，這裡則是大稻埕公泰洋行的負責人奧利所建的私人溫泉俱樂部，地點就在今日北投中心新村的將軍府現址。

奧利可說是北投溫泉旅社之開山鼻祖。到日本入主台灣後，奧利把自己的溫泉俱樂部賣給日本政府，日本便在這裡蓋起了日軍的衛戍醫院。

中心新村

▶11 硫磺谷

北投早在十四世紀就已經有國際貿易的物產——硫磺。

十七世紀西班牙、荷蘭經營北台灣，除了做為貿易航路的補給站之外，還有更重要的理由就是可以經營硫磺出口。

而在中文文獻中詳實記錄北投山川地理風土的《裨海紀遊》，作者郁永河之所以千里迢迢從福州來到北投，原因也是為了硫磺（郁永河故事見☞ 21_30）。

他當年來到北投買硫土熬煉，不只停在山下等貨，還請人帶路上山一探硫磺產區位置。經過各種周折，渡過一條大溪，他描寫所見「望前山半麓，白氣縷縷，如山雲乍吐，搖曳青嶂間，導人指曰：『是硫穴也』。風至，硫氣甚惡。」

三百多年後我們來到這個硫磺谷，仍然可以聞到硫磺那個衝鼻難忍的氣味。北投因為硫磺而成為大航海時代的重要角色，不過現在留下來的則是火山運動的另一個副產品——溫泉。硫磺谷的水權現在由自來水公司經營，水公司從山上接引泉水，經過硫磺谷埋管加熱，送至山下的溫泉旅店經營旅宿，這種溫泉稱為白磺，有別於地熱谷微酸性帶綠色的青磺。

▶12 大屯瀑布、第一水源水管橋 ─────────

從陽明山花鐘轉中興路，第一個大迴轉盡頭有階梯，在這裡扛車上階梯，沿路前行你就會看到大屯瀑布在眼前飛洩。

瀑布前是綠苔斑駁的陽明山第一水源水管橋。這個水管橋屬於一九二〇年代日本在台北開闢的第二個自來水系統，草山水道系統的一部份，用以供應日漸增加的台北人口使用。水道系統的水進入市區成為供應市民日常所需的自來水，因此台語

稱自來水為水道水，就是從日本時代的「水道系統」而得名。

第一水源取自山區的天然湧泉，用專管連結到較低海拔的第三水源（著名的藍寶石泉），然後再沿天母水管路輸送至三角埔發電所，儲入圓山後方的圓山儲水池，最後跨越基隆河送入市區。不過現在陽明山區的水源只供應陽明山及天母周邊就已經耗盡，所以市區就無緣享受草山天然湧泉了。

▶13 竹子湖蓬萊米原種田

清朝以前台灣人吃的米，是現在稱為在來米的秈稻，米粒細長，煮起來鬆硬，嚼起來顆粒感較重，到日本時代，日本人吃不慣秈稻，就希望在台灣栽種日本種水稻。可惜氣候不對，屢種屢敗。

一九一三年磯永吉發現陽明山竹子湖谷地，氣候、風土跟日本九州相近，環境又封閉，可以避免稻種與臨田的其他品種雜交，足以維持稻種的品系，於是在這裡開始實驗栽種從日本來的稻種。

實驗結果「中村種」日本稻可以在竹子湖地區穩定生長，並收穫與日本相同品質的稉米。可惜在竹子湖成功的品系，到平地卻因為光照條件而提早抽穗，無法轉移種植。後來磯永吉和他的助手末永仁研發出「幼苗插植法」，以小苗種植，延後抽穗時間，終於能在平地正常生長。讓平地農家栽種。

一九二六年第十任總督伊澤多喜男接受磯永吉的建議，將台灣育種的日本米命名為蓬萊米。

現在我們熟悉的蓬萊米，育種命名的起源是在竹子湖，但真正獲得突破性的改良卻要等到三年後。一九二九年末永仁將兩種日本品系「龜治」與「神力」雜交，培育出產量高，滋味好，而且不需要用幼苗插植就能正常抽穗的稻種，命名為「台中六十五號」，因而成為全台灣灣栽培面積最廣的品種。

近年經過基因分析「台中六十五號」為什麼會獲得成功，竟然是因為當年「神力」與「龜治」雜交的過程中，意外跟一種本土的山地陸稻花粉結合，使得新品種具備了陸稻才有的對日照長度不敏感的屬性，因此能正常抽穗，長出飽滿的稻穗。

現在台灣所種的蓬萊米，百分之八十五都是「台中六十五號」或它的改良種的後代。

平地可以大量生產蓬萊米之後，竹子湖作為「原種」產地的角色就失去功能，七〇年代後，山上農民發現竹子湖多雨氣候很適合海芋生長，水田就逐漸消失，變成了海芋田。竹子湖稻作與原種田就走入了歷史。要補充的是，日本人改良蓬萊米是要給自己吃的，而且在「工業日本，農業台灣」的政策下，絕大部分的蓬萊米也是出口回銷到日本，台灣農民收成了稻米，最後卻還是只能以雜糧果腹，農民的經濟地位並未因為蓬萊米的改良成功而獲得同步提升。直到二戰後結束日本統治，蓬萊米才開始成為台灣人主要的食用米。

▶14 龍鳳谷：郁永河採硫處石碑 ————

泉源路轉龍鳳谷停車場的轉角路口，有文獻會設立的郁永

河採硫處石碑，紀念郁永河在北投採辦硫磺，並留下珍貴的歷史文獻《裨海紀遊》的史實（郁永河故事見 ☞ 路線 21：山水台北城 _30）。

▶15 第一公墓荷馬李將軍墓 ———————

從第一公墓的牌坊曲折前行，經過公墓靈骨塔和土地公廟，前行七十公尺，右邊石砌圍牆露出一段階梯，抬頭就可見「荷馬李將軍夫婦之墓」的橫額。荷馬李是美國人，是清末民初時期的傳奇人物。他身材矮小，從小醉心軍事，想讀西點軍校被拒絕，想進陸軍也不被接受，他只好進史丹福大學攻讀軍事和政治。

一八九八年，他二十二歲，中國開始維新運動，他覺得這是改變世界史的大事，開始動身一路從美國各太平洋領地沿途考察軍事形勢，來到中國求見維新領袖康有為，沒想到他雄辯滔滔，竟然說服康有為授予將軍頭銜，從此他穿起滿清將軍禮服在東亞奔走。維新運動失敗後荷馬李輾轉到日本結識了國父，並加入同盟會。

荷馬李對國民革命最主要的貢獻，是為國父在歐、美各地籌款。荷馬李演說極富魅力，兼且身穿那套大清官服，頗吸引好奇的西方聽眾。辛亥革命後國父從歐洲返抵中國，當時的歷史照片就留下革命黨人在上海迎接國父時，船艙甲板上荷馬李與國父同坐前排的歷史鏡頭，可見當年國父倚重之深。

民國成立，國父封荷馬李為首席軍事顧問。這是墓葬橫

額刻上「國父軍事顧問」的由來。不過同一年他就因病返美去世。國史館在六〇年代還出版過館長黃季陸寫的傳記：《國父軍事顧問：荷馬李將軍》。

但民國初年的歷史人物為什麼會葬在陽明山呢？時間來到一九六八年，荷馬李母校史丹福大學東亞圖書館馬大任館長忽然接到一通電話，通話者說他是荷馬李將軍的養子，父母去世後遺命要把骨灰葬在「中國」，但他不知道該如何把父母帶到中國安葬。

馬館長打電話給當時駐美大使周書楷，但周大使不清楚國民革命這一段，只能請馬館長和在台灣的國史館聯絡。國史館黃季陸館長本來就是荷馬李的專家，知曉此事後非常積極，他向老蔣總統請示後，獲令接受荷馬李夫婦歸葬台灣，且撥款在陽明山第一公墓為李氏夫婦建造墓園。

所以今天我們才會在這裡看見「荷馬李將軍夫婦之墓」。

▶16 第一公墓尹仲容墓

尹仲容是國民政府撤退到台灣後第一代經濟決策主管，歷任經濟部長、美援會委員、台銀董事長等多項重要職位，把台灣從戰後民生凋敝的年代，打造成六〇年代出口導向的經濟體；台灣經濟的高速擴張一直持續到九〇年代，而出口導向的經濟結構，至今仍然是台灣生存的命脈。

在那個時代，尹仲容面對的不只是百廢待舉的戰後經濟社會，還包括高舉國父遺教「節制私人資本、發達國家資本」

的國民黨保守派。但他擔任經濟部長時，積極主張放寬政府管制、發展民營企業、推動外匯貿易改革。

他的第一項政績是從零打造紡織業（日本時代台灣的紡織業主要是做麻袋的麻紡織，以及二戰後期為了製造軍服設立的紡織廠），透過「代紡代織」「進口替代」

座標：25.136202, 121.521019

等政策，加上美援的棉花，短短四年時間就把台灣從棉織品的進口國，逆轉成為自給自足的生產國，民營紡織廠快速發展，成績舉世矚目。一九五五年美國因此還把台灣當成美援模範生，建議同樣接受美援的菲律賓派考察團到台灣，看看台灣到底是怎麼辦到這件事的。

再隔十年（一九六五），紡織出口成為台灣最大出口產業，開始超越蔗糖出口。又十年（一九七五），台灣甚至超越日本，成為美國棉紡織市場最大的進口來源國。紡織業者成長後開始轉投資其他產業，今天的裕隆、潤泰、遠東、新光、六

和、台南幫等集團，當年都是從紡織業起家的企業。

土地改革是台灣經濟轉型的重要政策，一九五三年實施「耕者有其田」時，尹仲容負責把台泥、台紙、農林、工礦等四大國營事業股票釋出給地主，以換取土地轉給農民，學者描述為把土地資本轉為產業資本，是日後台灣經濟起飛重要的推手。一九六三年尹仲容以五十九歲盛年積勞過世，李國鼎評價他是「台灣經濟領港人」，經濟學者王作榮則譽為「台灣工業經濟之父」，王永慶更稱他是「台灣民營工業之父」。台灣經濟發展七十餘年，迄今依然未離開尹仲容主導的外銷導向的經濟結構。

▶17 軍艦岩

沿著第一公墓的墓區小徑，我們可以小扛車進入通往軍艦岩的登山步道。七百公尺山徑，且推且扛十五分鐘，就會看到軍艦岩巨大的艦艇矗立眼前。扛車過來略辛苦，但你不會後悔，因為軍艦岩上視野開闊，景觀絕美，不管自拍、拍人或拍景，都氣象萬千。（注意：無探路經驗者請勿單人嘗試。）

軍艦岩頂是一片雪白的砂岩，年代也非常古老，僅次於貴子坑三千萬年的岩層，是二千萬年的木山層岩石露頭。站在上面，有三百六十度的環景，四面看山，南面俯瞰市區山水，是一個值得造訪的公路車俯瞰點（☞路線 44：大台北公路車最佳俯瞰點）。

軍艦岩是熱門郊山，人潮眾多，牽車上去記得禮讓山友，免生爭執。

▶18 石牌站漢番界碑

　　石牌捷運站一號出口廣場上立有一塊市定古蹟，稱為石牌漢番界碑（這裡「番」字沿用碑文用字）。石碑設立時間約在一七四六年（乾隆十一年）前後，原因是當年漳州人沿河進入河濱地開墾，開始跟早就存在的平埔族產生衝突，時任淡水同知曾日瑛不勝其擾，決定立碑為界，把「漢番界線」畫分清楚，不許漢人越界開墾。

碑文上刻的是：

奉

憲分府曾

批斷東勢田

南勢園歸番管業界

　　大意是說長官已經批定，此碑以東之田，以南之菜園，都
是原住民的領地。石碑約略朝西，差不多就是石碑後方及左手
邊，都不許漢人入墾的意思。因為有了石碑，大家就用台語稱
附近這一帶叫做「石牌仔」，也就是今天「石牌」地名的由來。

▶ 19 慈生宮

　　慈生宮似乎沒什麼知名度，但她在大台北其實有個關鍵地
位，那就是她是雙北最早興建的漢人廟宇。始建於一六六九年
（南明鄭經時期、清康熙八年），比關渡宮更早（關渡宮是北
台灣最早的「媽祖」廟）。

　　慈生宮建築歷經多次改建，最後一次翻修是一九七三年。
廟宇外牆浮雕有四時稼穡圖，表現春耕、夏耘、秋收、冬藏的
農業規律，內牆則有二十四節氣圖，內外浮雕都在凸顯廟中主
神五穀先帝主掌農業的身分。

　　廟埕龍邊護廊收有歷代重修碑記，其中光緒時代重修碑翔
實記載了款項花用的明細和金額，是一本石刻帳本，其下支用
金額使用的特殊符號是江南商戶常用的記帳數字（稱為「蘇州

碼子」）。

慈生宮主祀五穀先帝（神農氏），在歷代傳說中，神農氏教民稼穡，植五穀，是農業之神，又親嚐百草，是醫藥之神。所以廟中也有傳統藥籤，舊日醫療資源欠缺，信徒生病就會來慈生宮求藥單抓藥治病。

現在我們會覺得神農信仰好像不多見，不過在早期漢人進行農業拓墾時，神農氏卻是非常重要且普遍的信仰，台灣許多早期開發的老街都有神農氏為主神的廟宇，如三重先嗇宮、士林神農宮、天母三玉宮等。看到主祀神農的廟宇，通常就可以判斷那裡必然是個非常古老的農墾社區。

▶20 普羅旺斯硫磺磚：北投伴手禮

北投烘焙業者自力開發的地方伴手禮，用本地食材向本地歷史風土致敬。

北投的硫磺至少在十四世紀中葉即成對外貿易的輸出品。是北台灣名聲遠播海外的主要物產。

普羅旺斯硫磺磚外層仿硫磺磚色澤，黃色為薑黃，黑色紋路以竹炭上色，內餡以本地產大屯桶柑連皮做原料熬煮。北投巡禮結束後，帶一盒硫磺磚做紀念，值得回味。

▶21 北投站

淡水四百年

　　騎車之前我到過淡水好多次，因為捷運的便利，根本不用安排交通就可以抵達，但也因為太方便了，沒有做功課的旅行只能走一圈老街，看一輪夕陽，然後就回家。我覺得很失落，淡水名頭這麼響，我卻不知道怎樣去認識她。

　　騎了車之後，到淡水要多花力氣了，但我也有了更好的工具擴大在淡水的探索範圍，所有的大街小巷階梯斜坡都給他騎一遍，有一天我從小白宮下來，忽然頓悟一件事，我知道應該怎樣解讀淡水了。

　　平常我們都說淡水是個河港，但這只解釋了淡水的一半，真正的淡水應該要包括以五虎崗為名的五座山頭，淡水是河港，也是山城，是這兩者相加，成就了淡水既是貿易大港，又是軍事要塞的關鍵地位。來到淡水如果不爬坡，沒有從那山頭展望監控著河面出航的船舶，那才是錯過了真正的淡水。

　　淡水就在大海與大河交界的地方，因為這個地理位置，淡水一方面是大台北的門戶，另方面也是大東亞國際貿易的補給、轉運站。在縱貫鐵公路開通以前，整個台北盆地的資源、物產、內需、人口流動，絕大部分都是經過淡水吞吐。而十七世紀西班牙人之所以攻占淡水，原因也是為了遠洋貿易的整補、戰略需求。

5 淡水美人樹大道

6 古聖廟行忠堂

12 公司田溪過河跳石

13 中法戰爭古戰場

11 新市鎮海景大道

公司田溪

7 天元宮

14 滬尾石滬

10 公司田溪

8 老泉草仔粿

4 淡江大學李雙澤紀念碑

16 淡水清水巖祖師廟

21 紅毛城

22 海關碼頭

3 淡江大學

9 雙峻頭水源地

公司田溪

15 滬尾礮台

2 鄞山寺

18 淡水女學堂

20 淡水小白宮

19 真理街文化阿給

17 米市福德宮

1 紅樹林站

　　因為這樣特殊的地位，淡水是台灣少數幾個與現代文明接觸最早的地區之一，是台灣近代文明的先鋒。第一所女校，第一套自來水系統，第一個國際貿易海關，以及近代史中極少數能打敗西方強權的古戰場都在淡水。

　　尤其一八六二年淡水開港（☞路線 23：看不見的起家河（下）_33）更是台灣史上影響巨大的關鍵事件。因為淡水開港，整個大台北盆地及淡水河水系的山林物產、資源，開始成為全世界國際貿易的一環，人口日增，物產日盛，洋行群集，帶動台北的政治、經濟、軍事地位迅速提升；到十九世紀後期，台北已經成為台灣最重要的經貿重鎮，為官府創造最大比重的貿易稅收。台北超越一府二鹿的舊格局，就是從淡水開港

開始的。

　　一八八四年中法戰爭，劉銘傳寧可捨棄基隆，也要調大軍回防淡水，原因就是台北府城太重要，是戰費、軍備、後勤的大本營。淡水若失守，台北城就任憑法軍長驅直入了。

　　淡水這四百年的發展不只是成就一條老街，事實上老街可能反而是淡水最不足道的景點。我們拜訪淡水，希望能重新看見淡水在大台北開發上獨具的意義，感受這一路走來，政權的更迭、山水的壯闊、歷史的驅動，以及文明碰撞的餘暉。

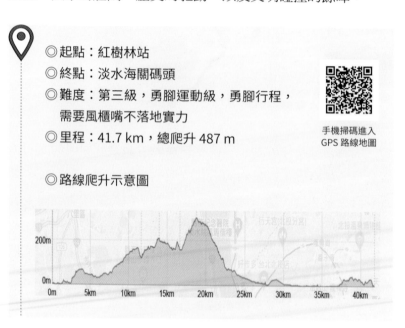

◎起點：紅樹林站
◎終點：淡水海關碼頭
◎難度：第三級，勇腳運動級，勇腳行程，
　需要風櫃嘴不落地實力
◎里程：41.7 km，總爬升 487 m

手機掃碼進入
GPS 路線地圖

◎路線爬升示意圖

▶01 紅樹林站

▶ 02 鄞山寺

　　鄞（音銀）山寺、淡水龍山寺、淡水福佑宮和淡水清水巖並列為淡水的四大廟。鄞山寺寺名「鄞」指的便是汀州汀江別稱，所以這裡是汀州人的信仰中心，也兼同鄉會館。目前周邊道路、小學、里名都以鄧公命名，原因是寺中主祀的定光古佛，「定光」二字在臺語與「鄧公」諧音，被以訛傳訛稱為「鄧公廟」所致。

　　台灣主祀定光佛的寺廟只有兩座，年代較早的是彰化市的定光庵，另一座就是本寺。鄞山寺始建於道光初年，由於整修較少，至今尚能保存許多道光原貌，如屋脊泥塑都是道光原物，在臺灣建築史上是道光時期的代表作。建築古樸典雅，與閩南廟宇大異其趣。

▶ 03 淡江大學

　　校園所在是在淡水五虎崗的第四崗，從運動場路口即可眺望俯瞰淡水市區。淡江大學校園有一個獨步淡水的特色，就是目前全校使用的自來水，是來自大屯山山麓地帶的雙峻頭水源地，由日本人建設的自來水系統──滬尾水道系統供水。雙峻頭的水源經過一百二十餘年考驗，仍然湧泉不斷，持續供水。

　　如果你來淡江教學樓補水（大部分教學大樓都有飲水機），你就喝到了台灣最早的自來水系統供應的天然湧泉自來水。請注意校園內禁行單車，只能牽車步行。

▶04 淡江大學李雙澤紀念碑 ────────

　　淡江大學是引爆台灣校園民歌風潮的「原爆點」。

　　一九七〇年代是台灣在國際政治上風雨飄搖的年代，台灣的都會青年開始從崇尚西洋歌曲，轉向尋找自己鄉土的傳唱。一九七一年洪小喬主持的電視節目，已經開始發表自己創作的歌曲，節目也鼓勵觀眾投稿自己的創作。一九七五年已經有楊弦譜曲余光中新詩的唱片「中國現代民歌集」出版，暢銷一時。

　　但所有這些都比不上一九七六年在淡江校園發生的「淡江事件」，引起文化層次的激辯與迴響，最後導致在全國校園掀起了「唱自己的歌」的狂潮。

李雙澤紀念碑

這年十二月三日在淡江舉辦的「西洋民謠演唱會」，原定要上台的胡德夫因前一晚與人打架打斷牙齒（胡德夫口述），只好請好友李雙澤代打。李雙澤拎著可口可樂上台就開嗆：「中國人唱洋歌，什麼感覺？」在場所有人都覺得這胖子是來鬧場的吧。

李雙澤尖銳地質問：「我走遍世界，各地年輕人都在喝可口可樂、唱洋文歌，請問我們自己的歌在哪裡？」隔天臺灣藝文界便燃起「中國現代民歌」的論戰，十天後出刊的《淡江週刊》頭條就是〈唱我們自己的歌〉。

隨著辯論擴散，這股「唱自己的歌」風潮很快就席捲了全台校園，原生創作爆發，這種創作能量最後成為台灣流行音樂最豐沛的寶藏，打造了台灣傳唱半世紀，領先華人樂壇的音樂軟實力。

二〇〇七年，在李雙澤因為在興化海灘救人而死之後三十年，淡江大學在校園的牧羊草坪為李雙澤樹立了紀念碑，碑銘由蔣勳提字寫著：「唱自己的歌。」

▶05 淡水美人樹大道

淡水奎柔山路（北八鄉道）連接北濱義山至北新莊，中段約兩公里遍植三百餘株美人樹，每年秋分前後進入花期，約可開到十月中。

▶06 古聖廟行忠堂

　　跟奎柔山路（北八）平行的行忠路（北六）間，有山谷凹地，一座歷史悠久的百年古廟，淡水行忠堂座落其中。如果網路上查詢，大家都會說這裡有收藏舊淡水神社遺物，不過那實在不是行忠堂的主要特色。

　　行忠堂屬於台灣宗教中極富特色的「鸞堂」系統，和一般常見的民間宗教頗不相同。行忠堂主祀五恩主，老台北人直覺就會想到，行天宮主祀恩主公，會不會有關係？答案是沒錯，他們有分香傳承的關係。行天宮的祖廟是大龍峒覺修宮，而覺修宮祖廟就是淡水行忠堂。所以行忠堂可以算是行天宮的太祖廟，輩份極高。

　　鸞堂系統以扶鸞為工具，請諸天神靈降筆，有時是寫詩，有時是寫經書，但主旨都是勸人為善，以儒家義理勸世，所以台灣的鸞堂系統後來以「儒宗神教」自我定位。而且因為要寫詩文，還要宣講，所以鸞堂主要幹部都是由知識菁英擔任，與我們刻板印象中的乩童神棍非常不同。

　　日本時代鸞堂勸人戒鴉片極有成效，還引來總督府懷恨打壓，因為鴉片專賣收入當時是總督府年度歲收的重大財源（☞路線 31：滿清、日本到民國 _7）。

　　行忠堂廟庭非常安靜，但地點極有氣勢，坐鎮山谷地形，左右龍虎山脈環抱，風水頗佳。廟內外許多石燈籠都是從拆毀的淡水神社搶救過來，也營造出特別的意象。

▶ 07 天元宮

　　天元宮在北台灣享有「櫻花勝地」的美譽，不過很少人問過這個一九七○年代興起的新興宗派究是何方神聖。

　　根據政大民族所李峰銘的論文（如入靈山不為動：淡水無極天元宮之靈乩觀點的一種揭示），天元宮創辦人黃阿寬早年是一貫道道親，經過其他機緣獲得通靈能力，正式開創天元宮。大體上是綜合一貫道、瑤池金母和鸞堂系統的教義神明體系和秉筆降旨的方式為信眾通靈解厄。與上個世紀台灣民間興起的「會靈山」活動有相當程度共通。但天元宮更強調「自性靈山」的修持功夫。（另可參丁仁傑〈會靈山現象的社會學考察〉、李振瑋〈台灣民間信仰中靈修模式之研究〉，以上共三篇論文，想認識台灣宗教變遷者一定會有收穫。）

天元宮含括天元本殿、真元天壇、聚元三聖殿等神殿，其中天壇樓高五層，值得爬上去欣賞一下三百六十度環繞的山景（如逢疫情，可能暫停開放）。

天元宮櫻花以後山公園最盛，櫻花有兩波，一波是二月的富士櫻，一波是三月粉色的吉野櫻，每一波都會吸引很多賞花人。管理部門應該有下苦工研究怎樣種花，每年花況都很飽滿。

▶ 08 老泉草仔粿 ─────────────

這裡的草仔粿內餡鮮香，一吃難忘，多種口味都很棒。作者私心推薦。

▶ 09 雙峻頭水源地 ─────────────

台灣的第一套自來水系統──滬尾水道系統，由日本人在一八九九年完成。原本是為了供應淡水港各式船艦淡水整補而開闢。雙峻頭的水源經過一百二十餘年考驗，仍然湧泉不斷，持續供水。現在淡江大學及校園周邊住宅日常使用的自來水就是從這裡供應。

▶ 10 公司田溪 ─────────────

公司田溪命名的由來，父老相傳是荷蘭殖民時期，東印度

公司為供應淡水及基隆守軍補給而在溪畔闢田耕作，大家通稱這條溪為公司田溪。溪流發源於大屯山，向西由港子坪出海流入台灣海峽，總長約十五公里，是淡水第一大溪流。

　　溪流蜿蜒流過淡水新市鎮，兩岸規畫為步道及單車道，在鬧市中穿梭，頗有京都城中輕水路的風味。

▶11 新市鎮海景大道

不用到長濱或太麻里也可以看到絕美的衝海景觀大道。

單車海濱圖

▶ 12 公司田溪過河跳石

公司田溪過河跳石

▶ 13 中法戰爭古戰場

　　一八七一年由於普法戰爭失利，法國財政空虛，內閣決定開闢遠東殖民地，一方面增加貿易收入，二方面海外勝利的消息可以鼓舞民心，便看上了越南。一八八一年國民議會通過二百四十萬法郎戰爭預算；隔年派海軍上校李威利占領河內，開始發動戰爭。越南阮朝王室向滿清求援，清廷自身難保，就把當地的黑旗軍劉永福直接扶正當成清朝援軍（黑旗軍本是響應太平天國的地方武力，事敗後退入越南）。一八八三年黑旗軍支援鎮南關廣西總督擊退法軍，史稱鎮南關大捷。法國茹費理內閣因而垮台。

法國內閣看陸戰難勝，決定以海戰爭取談判籌碼，授權遠東艦隊指揮官孤拔可採行軍事行動。孤拔首先奇襲殲滅南洋水師，繼而以基隆為目標以便取得煤礦補給軍艦燃料，又分兵滬尾（淡水）阻斷清軍海外運補，進逼台北城。劉銘傳衡量北台情勢，決定棄守基隆，大軍回防台北，由湘軍將領孫開華統領滬尾防務。

孫開華在淡水河面鑿沈裝滿石塊的戎克船阻塞河口，只留單線航道，又在河面廣布電線搖控水雷，由岸上水雷營監控。法軍偵察艦一度想駛進內河，被守軍引爆水雷嚇阻。這使得法軍決定必須先登陸佔據水雷營，不然航道無法打通。

孫開華料準法軍只能從沙崙登陸，便在沙崙海岸與水雷營之間鋪設兩道土堤，作為防禦高點。土堤與海岸之間則是一片密密麻麻的原生林投與黃槿樹。

今天如果到沙崙古戰場便可發現，原生黃槿樹枝枒低矮，分叉極多，一入密林，行動與視線都會被阻隔。這便是一八八四年十月八日早上自沙崙登陸的法軍面臨的麻煩，六百名法軍陸戰隊員一進樹林就無法維持陣勢，一聽到槍聲大家就盲目還擊，既看不見敵人，也看不見友軍。隨著受傷人數增加，架起傷兵後撤的人也不歸隊，彈藥快速消耗，法軍士氣開始衰落。孫開華左右犄角的布防也讓法軍以為自己身陷重重包圍。陸戰不到三小時，法軍發射撤退信號彈，狼狽逃回海灘。

戰後結算，清軍以四比一的傷亡數，以慘重代價打贏了滬尾之役，確保了台北城的安全，也迫使占領基隆的法軍最後不得不轉攻澎湖，甚至法國遠東艦隊總指揮官孤拔最後也在澎湖

病死。這是清廷在台灣唯一一次，也是在全中國對歐洲列強屈指可數的幾場軍事勝利之一。（不過清廷雖然打了勝仗，卻仍然因為朝鮮情勢緊急，而跟法國簽了和約，放棄了對越南的宗主權。）

滬尾之役後，清廷終於感受到台灣在東南沿海的戰略地位，同意台灣建省，由劉銘傳擔任首任巡撫，開啟了劉銘傳以現代化觀念建設台灣的篇章。

▶ 14 滬尾石滬

從漁人碼頭往北，這一帶的海岸佈滿了早期漁民捕魚的石滬。有人說淡水舊稱滬尾可能就是從位於「石滬群尾端」的方位而得名（不過滬尾舊稱在《臺海使槎錄》中稱「虎尾」，《重修福建臺灣府志》中稱「扈尾」，淡水福佑宮「望高樓碑誌」中稱「戶尾」。可證滬尾應該是某個名稱的漢字音譯，極可能是從凱達格蘭語的河口「Hobe」一語轉譯而來）。

石滬的工作原理是在潮間帶，用石材疊成攔阻出口的矮牆，牆高介於高潮線和低潮線之間，高潮時魚群可以自由進出，低潮時，來不及離開矮牆的魚群就會被圈鎖在牆內，隨著海潮退卻，最後陷入較深的「滬房」，而成為漁民甕中捉鱉的獵物。是一種利用潮汐自然落差產生的「陷阱式漁法」。

滬尾石滬群中也有心型石滬，但需要等低潮時石滬牆現身才會看到。氣象局每天都會預報高低潮時間，想欣賞的人要抓準時間。

▶ 15 滬尾礮台

一八八五年台灣建省，首任巡撫劉銘傳鑑於清法戰爭中，台灣海防空虛，遂在台灣南北要塞興建西式礮台，滬尾礮台就是其中一座。建於淡水五虎崗的第一崙小山頭。

滬尾礮台建成後並未經戰爭洗禮，所以陣地結構通體完好，不過礮體皆已拆遷無存。礮台正門高懸「北門鎖鑰」橫額，為劉銘傳手書，是劉銘傳留在台灣極罕見的手澤。

北門鎖鑰（圖片來源：維基百科）

▶ 16 淡水清水巖祖師廟

淡水清水巖祖師廟位置在重建街和清水街的小山丘上，距離山下繁華的老街只有短短不到一百公尺。擴建後的廟埕格局開闊，相當氣派。祖師廟是泉州安溪人的信仰，主祀清水祖師，據說一八八四年清法戰爭，法軍看見有和尚在半空顯靈助

攻，使法軍失利敗退，光緒皇帝因此頒「功資拯濟」匾額掛在正殿上方。另外還有一則傳說是同治年大地震，清水祖師正在石門繞境，鼻子忽然掉落，引得鄉民前往圍觀，結果地震震垮屋舍卻無人受傷，大家因此給清水祖師一個別號叫落鼻祖師，只要祖師落鼻就是災難示警。

落鼻祖師在日本時代和艋舺祖師廟發生主權歸屬爭議，雙方對簿公堂互爭歸屬權，但法官無法斷定誰屬，最後只好讓兩邊祖師廟輪流奉祀，農曆雙月在淡水，單月在艋舺，另因應淡水大拜拜，五月、六月份兩廟互換供奉月份。

淡水祖師廟在淡水四大廟（福佑宮、龍山寺、鄞山寺、祖師廟）中建廟時間最晚，但由於除瘟安境神威最著，因此農曆五月初的淡水大拜拜，卻是淡水最大的繞境廟會。實際過程包括初五晚上的暗訪，初六的日巡，及初七的犒軍。清水祖師繞境時，淡水幾乎所有角頭廟都會派陣頭參與。

▶ 17 米市福德宮

從北往南走淡水清水街，在祖師廟旁邊就會注意到這間直接正對著清水街大路沖的土地廟。福德宮兩邊是小字米市兩字。清水街最早是米市街，北段米行、米廠，南段是民生消費用品。

清水街雄踞淡水第三崙，頗有高高在上的況味，不料道光年間，山下龍山寺附近菜市場興起，米行諸商家唯恐街市財氣下移，就集資在現址這個小丘上蓋了一座土地廟，希望土地公爺爺能夠在大路沖守住米市街的財氣。

台灣許多老街街頭街尾都有土地廟，功用多半就是用來守住財富的。

▶ 18 淡水女學堂

　　臺灣第一間女子學校，就是馬偕在淡水創辦的女學堂。雖然馬偕辦這所女校的目的之一，是為了訓練臺灣的女性傳道人，所以課程也以宗教課為主。但女學堂的創辦，意謂著女子已能和男性相同透過教育逐步提升能力與社會地位。一八八四年馬偕爭取到加拿大長老會「婦女國外傳道會」的捐助，蓋了早期的合院教室正式開學。

　　一九〇一年學堂因馬偕逝世一度停辦，經加拿大母會派遣兩名女宣教師，金仁禮姑娘和高哈拿姑娘來臺，於女學堂舊地

增建圍牆後，一九〇七年再度復校，易名為淡水女學校，就是現在看到的校園建築上保留的校名。

淡水女學堂多次改組，最後併入私立淡江中學。校舍目前是淡江中學附設純德幼兒園的教室。

▶ 19 真理街文化阿給

真理街兩家阿給老店，是淡水口碑最好的兩家阿給，兩家生意各有千秋，也有各自的支持者。阿給是日語油豆腐（あぶらあげ abura a ge）的簡稱。大約在六〇年代淡水有人發明把油豆腐切開，裡面填入粉絲，外面用魚漿封口，再放蒸籠蒸熟，就成為淡水特有的阿給小吃了。

▶ 20 淡水小白宮

（☞路線 23：看不見的起家河（下）_31）

▶ 21 紅毛城

（☞路線 23：看不見的起家河（下）_32）

▶ 22 海關碼頭

（☞路線 23：看不見的起家河（下）_33）

第 **3** 章

時代的輪跡

滿清、日本到民國：
大時代的故事

　　這條路線要講的是大時代天翻地覆的故事。從荷西時代開始，台灣就成為東亞與歐洲列強爭奪的戰場，一下紅毛來了，一下國姓爺走了，一下朝廷來接收了，一下阿本仔進城了，一下國府遷台了。每一次改朝換代，都是社會的大動盪，也是前朝記憶的大清洗。

1 石牌站漢番界碑
2 天母三玉宮
3 芝山巖事件紀念碑、學務官僚遭難之碑
外雙溪
4 劍潭公園狛犬
5 台灣神社遺址
6 臨濟宗護國禪寺
7 兒玉源太郎壽塔
8 清機器局圍牆
9 北門
10 台北天后宮（成都路）
11 巖疆鎖鑰橫額
12 中山堂
13 台灣博物館
14 台北府天后宮遺跡
15 台北監獄圍牆（金山南路二段）
16 南門小白宮

許多不識時務的人在過程中覆滅，而另一些識時務的家族則在其中崛起。到底哪些才是我們該記取的教訓呢？我問。但觀音山低眉不語，淡水河已讀不回。

江山依舊在，幾度夕陽紅。

◎ 起點：石牌站
◎ 終點：南門小白宮
◎ 難度：第三級，勇腳運動級，勇腳行程，
　　需要風櫃嘴不落地實力
◎ 里程：0000km，總爬升 000m

手機掃碼進入
GPS 路線地圖

◎ 路線爬升示意圖

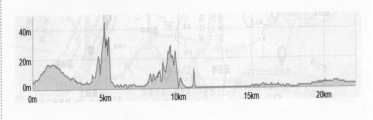

▶ 01 石牌站漢番界碑 ────────

（☞ 26 北投三千萬年 _18）

▶ 02 天母三玉宮：天母的由來 ────────

天母為什麼叫天母，來源是因為一個善於經營宗教事業的日本人，中治稔郎。

日本領台不久，中治稔郎就來到台灣，起先在郵局系統作課長，閒暇在日文報紙發表和歌作品，但因為接觸了日本神道教的「權現」思想，激發了他的靈感。

日本神道的天照大神是位女神，而台灣民間信仰最廣的媽祖也是女神，如果加上權現思想，就可以直接描述媽祖乃是天照女神的「本地垂跡」，媽祖即天照，天照即媽祖。由於「母愛是人類最強之物」，所以神靈以女性展現世間。他覺得這個教義完美融合了日台信仰，對總督府著力甚深的台灣融合政策一定大有幫助。

一九二五年他就在現今迪化街附近開辦了天母教。自己親自到湄洲島迎回一尊媽祖分身，還非常聰明地到福州迎了一尊城隍（想必是受到大稻埕霞海城隍的啟發）。媽祖是天上聖母，他取頭尾二字稱媽祖為天母，自己的新教就叫天母教。

一九三二年他在今日天母，當年叫三角埔的地方發現了溫泉，這給他的天母教事業燃起了新的願景。他跟官方申請營業許可，買了地，蓋起溫泉旅館，建了溫泉區的天母神社。果然大受歡迎。隔年他還開辦「天母巴士」，把淡水線的旅客載到天母來泡溫泉。

根據天母地方耆老指稱，那個年代許多日本人開的商號都以天母命名，天母溫泉、天母旅館、天母巴士站等等。天母之名，遠近皆知。天母就逐漸成為這一帶的地理通稱。

日殖末期，總督府加速推展皇民化運動，國語家庭、神社參拜，並對台灣神明展開「請神歸天」運動（各台灣廟只能留一尊主神，其他神像一律拉出集中燒毀，是謂請神歸天）。中

治稔郎本著敦親睦鄰的理念，在他的神社盡力收容了許多落難神明。

戰後日人遣回，天母教失去了創教教主，神社拆毀，神明經地方人士商議，改安置在三角埔的角頭廟，即三玉宮。今天我們在三玉宮側殿，猶可見到當年中治稔郎創教的湄洲媽祖化身天母本尊，以及由吳府千歲、城隍老爺、梨山老母、孚佑帝君，九天玄女、梁武帝、李府千歲等七位奇異搭配神明所組成的「七仙真祖」，那都是來自中治稔郎的宗教創作與包容。

這就是天母起源的故事。

▶ 03 芝山巖事件紀念碑、學務官僚遭難之碑 ─

這兩塊石碑同時放在芝山巖俗稱「百二崁」石階的盡頭，當年的芝山巖神社、如今的雨農閱覽室前的小廣場上。碑文上說的是一八九六年，日本入台第二年元旦日發生在這裡的同一

雨農閱覽室前，龍邊是芝山巖事件紀念碑，虎邊一人高台基上是學務官僚遭難之碑。

事件的對立評價。

　　一八九五年總督府學務部占了芝山巖惠濟宮後殿、由地方仕紳籌辦的義塾，改為「國語傳習所」（日人之國語，即日語），教導台灣人學習「國語」，進行文化改造，「鄉人仇之」（據文化部國家文化資產網）。隔年元旦，北部抗日義軍陳秋菊、胡阿錦、簡大獅等人多路並舉反攻台北城，士林義軍賴昌等也共同舉事，攻陷士林街警察署，往芝山巖高地殺來，半路與七名留守的「國語」教職員狹路相逢，遂加殺害，並上山搗毀傳習所。此即芝山巖事件。

　　事情發生後，學務部長伊澤修二展開造神運動，先將「六氏先生」入祀靖國神社，使六人變成殉難的神明。日本總理伊藤博文也親筆題字「學務官僚遭難之碑」記述教職員被「土匪」殺害始末，立碑於芝山巖。殖民地的台灣教育會接承學務部的造神運動，每年舉行芝山巖祭典，包括總督及轄下文武官員、各級學校師生、地方士紳等皆須定期登山參拜「為教育而犧牲」的英勇教師。一九二九年更闢建芝山巖神社，合祀六氏及在台亡故教師，使芝山岩成為日本教育的「聖地」。

　　戰後國民政府則將芝山巖事件視為士林義民發揚民族文化氣節，奮起抗日的義舉，另立「芝山巖事件碑」於廣場，並拆除神社改建為雨農閱覽室。「學務官僚遭難之碑」本來也拆掉了，後又經修復，與「芝山巖事件碑」同立於廣場兩邊。

　　現在網上評價這兩塊碑，都說是歷史解釋權隨著政權轉移而改變。日本人強把不幸被害的事件，扭轉成為教育犧牲，打造出日本「國語」教育的聖地，是殖民教育的造神運動；而

國府把抗日義軍視為義民，把「國語」教育視為殖民教育的精神征服，也是另一種勝者為王的片面觀點。所以照現狀兩者併陳，是當代多元社會，呈現多元觀點最好的處理辦法——網上所見多半是此類意見。聽起來是各打五十大板，好像很公正，但其實充滿了鄉愿。

要正確評價芝山巖事件並不難，因為這裡是士林，士林之所以叫士林，乃是因為地方仕紳在芝山巖辦了義塾，是北台灣文風最勝，士子如林的地方。為什麼日本人挑中芝山巖義塾原址開辦「國語」傳習所，會引得士林仕紳激憤，使得「鄉人仇之」？

按照總督府學務部長伊澤修二在返日招募教師的演說所示：「台灣已用兵力征服，但關鍵在今後能不能徹底征服人心……。除了教育之外，實無法達成從內心底層的化育。」（伊澤修二，《台灣的教育》）

換句話說，在尚未推動皇民化運動之前，總督府第一任主管教育的官員心中就已經確定了台灣教育的目的，在改造台人「內心底層」，以便「徹底征服」。

士林既是傳統文風最盛的地方，拿下士林義塾，辦好士林子弟的「國語」教育，就是為全台「國語」教育做典範，為「徹底征服」做思想改造的新官上任之火。總督府為何選擇士林開辦第一個傳習所，為何勞駕首相親筆揮毫立碑？因為這裡是改造台人思想的試金石，不容失敗。

重新修復一個要把台灣人從內到外都「徹底征服」的紀念碑，到底是多元社會的多元觀點，還是我們生長茲土，卻昧於

前賢耕耘，不知先人傷痛的時代悲劇呢？

　　日本人做的未必全錯，國民政府改的未必全對，對錯不是依照「誰」做而決定，而是依照事情的意義而判定。市文化局在二〇〇六年新立的解說牌希望呈現完整的事件始末，最可惜的就是沒有把「士子如林」的本鄉文化脈絡納入評斷視野，以致於留下一個「各說各話」的歷史空間，徒留對改造台人思想的歌頌，想要彰顯士林的歷史傳承亦不可得。在這裡我們見證的並不是多元社會的多元包容，而是台灣社會忘記前賢耕耘的一個典型。

▶04 劍潭公園狛犬

劍潭公園是劍潭活動中心對面的長形公園，入口處有一對巨大的石刻狛犬，原來是臺灣神社前的鎮殿狛犬，二戰後神社拆毀改建，遺物四散，這一對狛犬流落至山腳，成為市民公

日式狛犬通常左右對望設立，中式石獅則是面朝前方設立。

園的鎮守獸。二〇一七年經市府指定為古物類文化資產加以保護。

臺灣神社是當年日本治台位階最高的官幣大社（由皇室出錢維護的神社），石狛犬是少數臺灣神社遺下的古物，年代為西元一九〇二年，典型的日本狛犬造型，以花岡岩刻製，已歷百年之久，保存狀態完整良好，為全台傳世的戰前神社文物中，尺寸最大，年代最早的一件純日本風格的狛犬，相當稀有。

狛犬是日式神社的鎮守獸，功能與中式石獅相似，如果要用外觀區分，通常用公母判斷，有明顯的公母特徵的就是中式石獅（公獅腳踏彩球，母獅戲耍幼獅），如果沒有石獅公母特徵，則多半就是日式狛犬。不過日本時代後期的狛犬因為多半由台灣匠師雕刻，所以有時也會融入台灣石獅的風格。

▶ 05 台灣神社遺址

第四任台灣總督兒玉源太郎督建的台灣神社現在已經看不到蛛絲馬跡了，原址在一九七二年蓋了新的建築——圓山大飯店。神社前的石狛犬移到中山北路改守劍潭公園，日人奉獻的銅牛移到了台博館廣場前，擴建為台灣神宮時的八根從庫頁島進口的花崗岩鳥居石柱，戰後公開拍賣，被李梅樹標購買到三峽成為祖師廟正殿內的四對聯柱。

但神社當年選址劍潭山（很多人誤會神社／圓山飯店位置所在就是圓山，但這裡其實是劍潭山，圓山是在對岸的舊兒童

現在我們從淡水河左岸遠望劍潭山，就可以看見山坡上聳立的建築。可以想像當年台灣神社蓋在這個山丘上，對沒什麼高樓大廈，甚至還是一派田園的台北居民而言，那會是一個多麼強烈而無法忽視的存在。

樂園），卻是慎重非常，不止經過改址，還考慮這個地址需要具有「彰顯威德」的作用，要讓人民每天一抬眼就要看見帝國諸神時刻君臨著你的生活。

▶06 臨濟護國禪寺

　　日本第四任總督兒玉源太郎為了降低台人反抗意識，邀請臨濟宗僧人到台北開設道場，傳布日式宗教以安定人心。兒玉不但贊助經費，並特許使用護國禪寺之名。

　　戰後日僧遣送回國，由於這裡是基隆河以南市區唯一的高地，臨濟寺被國軍徵用做高炮陣地，原先的日本陸軍墓遷移，集中到臨濟寺最高棟的八角亭。

　　本寺最重要的文物是中心區全木構的大雄寶殿。建築形式採日式的仿宋禪寺格局，屋頂是正脊、四垂加四條戧脊的歇山頂，

護國禪寺現在是台灣最大的日本時代遺留木建築。

屋簷瓦當上刻「鎮」字。原先台灣最大的日本時代木建築是西本願寺，但被火災燒毀後，護國禪寺遞補成為最大木建築。華藏殿一樓供奉著明治時期的三尊佛像，極具藝術研究價值。

山門旁有石階通往後山，拾級而上有石雕、石碑等，其中的觀自在菩薩及地藏王菩薩塑像也是臺灣少見。後山園區供有開山祖師梅山玄秀法師等多人靈骨及牌位的萬靈塔，並有日本第四任總督兒玉源太郎髮塔（☞ 31_8）。

後山另有九尊石佛，屬於「台北四國八十八靈場」石佛系統的遺物。當年在台日人為了重溫「四國遍路」，跟著弘法大師（即日本遣唐僧空海）走遍四國八十八寺，求取心靈淨化；特別從四國請回八十八寺的佛像，安置在北台灣各大佛寺道場，這樣日本人在北台灣走一圈就象徵走了一遍四國遍路。兼

有教化人心及撫慰思鄉的作用。

▶07 兒玉源太郎髮塔

　　臨濟護國禪寺後山，有日本第四任總督兒玉源太郎髮塔。

　　兒玉源太郎是第四任台灣總督（一八九八至一九〇六）。他本來是陸軍大臣，為什麼跑到台灣當總督呢？原因是因為自一八九五年日軍登陸鹽寮以來，乙未戰爭打了半年才算初步平定全島，嗣後因水土不服、瘟疫疾病等因素，軍士死亡甚至比戰亡還多，戰費支出居高不下，導致日本國內出現「台灣賣卻論」，認為與其花大錢維護台灣，不如賣掉還可獲利。時任陸軍大臣的兒玉源太郎獨排眾議，認為台灣難治是因為所任非人，如果無人能治理，那就派我去吧。內閣總理伊藤博文乃指派他接任台灣總督。

　　兒玉履台改變了前任一味高壓統治的方略，改行懷柔及連坐法，撫剿並用，對日籍官員也大加整飭，淘汰不良。他指派的民政長官後藤新平用人類學家的研究治理台灣，提出著名的治台三策：第一，台灣人貪財愛錢，可用利益誘惑；其次，臺灣人貪生怕死，得用高壓手段威脅；第三，台灣人非常愛面子，可用虛名攏絡。

　　兒玉因為在總理面前立下軍令狀，所以治台最高原則乃是開源節流，務必做到治台能賺錢為止。他任內開闢鐵路、公路運輸，開發台灣農林礦業等殖民物產，力推各項政府專賣政策，改善日人居住區衛生條件，改採懷柔策略降低台人反抗意

識，以便減少軍費；經過六年努力終於在台灣實現財政自主，不再需要日本中央補貼。

不過這些財政收入有六分之一來自鴉片專賣政策所得。事實上民政長官後藤在尚未到台灣就任之前，就已經在思考如何用鴉片改善台灣財政：「鴉片至少在三、五十年間，可以成為台灣有利的財源，所謂採取以毒制毒的政策，鴉片可以成為財源整理的資料。」

終兒玉後藤統治時期，日本國內嚴禁鴉片，在台日人也禁止吸食，但對台灣人卻是兩面手法，以「漸禁」為詞，統一進口，總督府自設工廠，施行鴉片專賣，並且只賣給台灣人。鴉

臨濟護國禪寺後山萬靈塔前，第四任台灣總督髮塔，其上銘文曰：「明治卅九歲七月秋四日斃去／前台灣總督陸軍大將／伯爵兒玉源太郎藤園髮塔」。

片收入占歲入十七％，與樟腦並列為台灣最大的兩大財政收入來源。

髮塔所在的臨濟護國禪寺亦可見兒玉治理台灣的懷柔功夫，他邀請臨濟宗僧人到台北開設道場，傳布日式宗教以安定人心，兒玉不但贊助經費，並特許使用護國禪寺之名（另一個護國是在大直的台灣護國神社）。

兒玉在東京去世後遺命將他的頭髮葬在台灣，顯然覺得他的生平志業裡，治理台灣轉虧為盈，打消了台灣賣卻論是一大成就。這就是我們在護國禪寺後山會看到的兒玉髮塔的原因。

從日本殖民的角度看，兒玉當然功勞匪淺，證明日本也可以跟歐洲列強平起平坐，能力足以經營殖民地。但這個成就卻是挖掘台灣林礦資源，用專賣制度，包括販賣毒品，壓榨台人所得而來。這個成就是建立在台灣的傷害上的成就，我們後人不可不知。

▶08 清機器局圍牆

清法戰爭之後，台灣建省，劉銘傳擔任首任巡撫，他深感台灣防務之不足，尤其孤懸海外，一旦像滬尾戰役之後，法國憑藉海軍優勢，陸戰打不贏就改採海域封鎖策略，台灣所有軍備全部仰賴進口，屆時空有槍砲卻會無彈藥可發。

所以他一方面佈建電報網路，以即時傳遞消息，在北部要津架設砲台，又在台北城北門外蓋起了兵工廠──機器局，聘德國人監督，仿造上海機器局的規模建造工廠。初期以修理槍

炮，製造彈藥為主，後
期隨著鐵路建設展開，
也在機器局內鋪軌建立
火車維修機場。劉銘傳
的幾個重要的現代化部
門，辦理輪船和鐵道業
務的商務局、電報局、
啟動電力的發電機組
也安置在廠內。照日本
人繪製的台北城地圖，
機器局內應該還有一座
魯班先師廟。機器局不
只是台灣的第一所兵工

台北機廠之寶蒸汽重力錘。（Photo by 家小欣）

廠，幾乎可以說是台灣工業啟動的第一座工業園區。

　　廠內一具一八八九年英製的蒸氣動力錘，從北門機器局時
代開動，到日本接收時仍在使用，日本人把鐵道工場搬到松山
時也一併遷去，戰後鐵道工場改名台北機廠，台鐵也繼續用，
一直運作至二〇一二年北機關廠。這一座蒸氣動力錘從劉銘傳
的十九世紀，足足運作了一百二十三年直至二十一世紀才終於
退休。

　　捷運北門站開挖時就發現了許多機器局遺構，不過限於工
程進度，只就少數遺物做了簡單的地下展示場，其他遺構仍然
在北門站西側區域回填保護。目前可見的地面遺存，是在北門
站和鐵道博物館之間的一片短牆，那是舊日機器局的圍牆，也

是劉銘傳主政台灣的建設中，目前在台北唯一具體可見的地面建築遺物。

▶ 09 北門

（☞路線 21：山水台北城 _1）

▶ 10 台北天后宮

　　走在成都路街頭，一不留神你就會錯過這座擁擠在西門鬧區商店街中的媽祖廟。踏進窄窄的正門你才會驚嘆，裡面好像憑空生出巨大的空間，像媽祖施展了法術一般。

　　日本時代這裡原來是真言宗的弘法寺，是高野山真言宗的臺灣總本山。戰後日籍僧團遣回，佛寺荒廢，原來在艋舺的新興宮信徒便把媽祖迎接過來，改名為台北天后宮（注意不要跟「台北府天后宮」混淆）。成為座落西門鬧區的媽祖廟。

　　由於西門町的流行時尚行業眾多，所以你會注意到這裡的信徒跟一般媽祖廟的信徒大異其趣，更年輕，更時髦，經常可見周邊時尚名店的店員穿著制服到此參拜。

　　原址弘法寺以弘法大師（即平安時代的遣唐僧空海）為寺名，寺中本有弘法大師石刻法像，改成媽祖廟後被收進庫房。但當時主委不斷夢見大師托夢要求重回原地，廟方就把法像請出，安置於側殿接受信徒香火。日本高野山真言宗知道之後，每年十月都會派僧人到台北天后宮舉行朝聖法會。此時寺方會

把弘法大師像移到正殿接受禮拜。

▶11 巖疆鎖鑰橫額

　　北門舊甕城上的「巖疆鎖鑰」橫額，現在收在西本願寺的一個小展廳中。小小的展廳，就只有這個文物，其他都是複印圖和解說牌，差不多等於是一個單一文物的展示館。

　　當年日本人兵不血刃進入台北城，五年之後，就以更新都市計畫的名義（市區改正）開始拆除台北城。一九〇五年，所有城牆全部拆光，只留下北門、東門、南門和小南門四座城門。其中原來鑲嵌在北門舊甕城上的「巖疆鎖鑰」橫額，還被拿下來改放在台北賓館的涼亭做成踏腳石。

這一塊歷盡滄桑的石頭算是見證了台北城曾經的威嚴、屈辱與新生。

▶12 中山堂

中山堂在日本時代叫做公會堂，是日本時代最大的公眾集會場所，集戲劇院、大型宴會、音樂廳、儀式聚會等多功能用途於一身，於一九三一年為了慶祝昭和天皇登基而興建。

公會堂使用的地點是滿清時期的布政使司衙門及欽差行台，也是一八九五年樺山資紀宣布在台「始政」的地點。同一個地點在二戰日本戰敗後，成為國民政府來台，接受總督投降降書的地方。換句話說，這個地點是台灣主權兩次交替的見證地。只不過前一次的建築叫布政使司衙門，後一次的建築叫台北公會堂。

公會堂戰後改名叫中山堂，由於適合大型集會的關係，歷來接待外國總統，舉行國宴，國民大會時期召開國民大會，乃至好幾屆正副總統就職典禮，都是在中山堂舉行。由於中山堂的特殊意義，二〇一九年經文化部公告為國定古蹟，目前主要做為藝文活動空間使用。

▶13 台灣博物館

台灣博物館有很多創始的年代，端視你用什麼觀點來定義，如果你看的是硬體，現在這座堂皇的建築是一九一五年落成，如果你看的是藏品，根據官網記載是一九〇八年成立的「臺灣總督府民政部殖產局附屬博物館」館藏移入，是為台博館的直系淵源。

不過在殖產局成立附屬博物館之前，這些藏品還有屬於

一八九九年成立的「殖產局商品陳列館」的一段歷史。而這就要談到前一年到任的第四任總督陸軍大將兒玉源太郎的使命了（☞路線 31：滿清、日本到民國──大時代的故事_6）。兒玉之所以擔任台灣總督，原因是日本取得台灣以後，年年虧錢，皇軍將士死傷累累，以致他的前任乃木希典有台灣賣卻論的主張，兒玉是為了反對這種主張而接任。所以殖產局要蒐集、調查並展示臺灣、南洋地區的物產，目的並不是為了公眾教育，而是要尋找商機增加收入。台博館網頁上也含蓄的說殖民地的博物館「以展示『殖民地資源』為主要目的」。

一九一五年落成之際，這棟建築的硬體是為「兒玉總督暨後藤民政長官紀念館」而打造的。為了表彰殖民長官的偉大成就，建築既雄偉又華麗，希臘式的立柱，巴洛克的裝飾細節（挑高的大廳頂部，是兒玉與後藤兩人家紋圖樣交錯而成的鑲嵌玻璃），高挑的立面，從遠處一望就會覺得這是一座充滿執政威嚴的建築；事實上紀念館正門直接面對台北車站，用心不只是要所有踏入台北的旅客，一抬眼就能看到殖民者的統治氣勢，同時也要讓每個被統治者知道，日本是東亞諸國師法歐美的模範生，統治台灣理所當然。

要取得山林物產，首先要調查山林的各種狀況，而由於台灣山林多屬於原住民生活領域，自清朝以來就以土牛溝或隘勇線區隔，避免族群衝突，總督府則聘僱人類學家進入深山部落調查，這些調查所得的人類學藏品也成為台博館館藏的重要類別。

戰後歷屆館長都很努力在擺脫「殖民地博物館」的色彩，

但是對館藏的殖民來歷避而不談，只是去脈絡地介紹，會使人無法了解「完整」的歷史，事實上對於建立台灣主體性沒有幫助。

殖民時代的「成就」是以當時人民的苦難換來的「建設」，今人在享受「建設」的果實時，應當為先人的苦難表示傷痛而不是反而去頌揚殖民者的偉大。

▶14 台北府天后宮遺跡

二二八公園內，台博館大門東側草地上，散落著幾塊圓餅狀的石柱礎石，這些是此地曾經存在的北台灣最大的官祀媽祖廟，台北府天后宮的遺物。

一八八八年劉銘傳依《大清會典》規定，在台北城中興建官祀天后宮。基地三千坪，建坪近八百，樓高雙層，金碧輝煌。由於是祀典所載，每逢朔望二日，全城文武官員併同地方

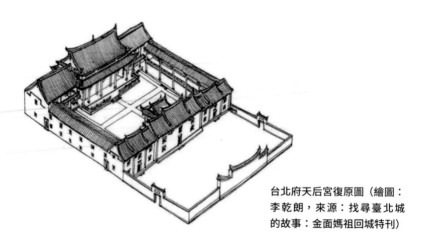

台北府天后宮復原圖（繪圖：李乾朗，來源：找尋臺北城的故事：金面媽祖回城特刊）

仕紳，都要入廟參拜。香油、維修諸費也由官府提撥。然而日本入城之後，官祀廟宇不能見容於殖民政府，甚至所有官衙建築也遭拆毀，一九〇八年之後，台北府天后宮就因為缺乏維修而逐漸破敗，最後加上市區改正計畫擴大新公園而全部拆除，基地改建為「兒玉總督後藤長官紀念館」，就是今天我們看見的台北博物館。

　　一九一四年三芝區長曾石岳及書記黃見龍到台北廳役所（舊台北府衙門）參加台北廳的區長會議，有周姓職員告知該廳後儲藏室有原先奉祀在「台北府天后宮」的鎮殿媽祖金身，恰好三芝鄉民正在商議要建新廟，於是就向主管單位申請移祀。一九一九年新廟落成定名小基隆福成宮。當年隨同移祀除了本尊金面媽祖之外，並有牛樟實木雕刻的駕前神將千里眼和順風耳二將軍。

　　每年的北台灣媽祖文化節，奉祀在三芝的金面媽祖都會有盛大的媽祖回娘家祭典，在台北府天后宮舊址設立紅壇（就是在台博館前廣場），請金面媽祖坐鎮並巡行台北城。

▶ 15 台北監獄圍牆

　　日本時代遺留的台北監獄，如今只剩下北邊中華電信的北牆，和南邊郵局的南牆，南牆外是原來台北刑務所宿舍，剛剛修復開放參觀。這兩段圍牆用的是日本人拆除清朝台北城時拆下來的牆石，可以見證時代變遷，因此列為市定古蹟。

　　台北監獄在日本時代關押過多位名人，包括台灣新文學之

父賴和、台灣文化協會創辦人蔣渭水等；抗日烈士簡大獅、羅福星更是在此被處絞刑而犧牲。北牆上還有一面紀念牌，追悼十四位在此遭受槍決的美軍戰俘。

美軍戰俘關押在台北監獄的原因，是二戰末期由於台灣被日本規畫為進取南洋，乃至成為神風特攻隊的基地，美軍為阻斷台灣的軍備與後勤能量，開始對台灣全島實施轟炸。美軍雖然有空戰優勢，但仍有部分轟炸機被防空砲火擊落，軍機迫降後被俘的十四名飛行機組員就被關到台北監獄，並在一九四五年六月速審槍決，距離二戰結束只差了五十七天。

「台灣戰俘營紀念協會」因此在北牆立了紀念牌，追悼十四位犧牲的美軍。協會和美國在台協會每年都會派人在此舉行紀念儀式，悼念犧牲的美軍。

一九四五年美軍轟炸後的影像。（影像來源：中研院)

這裡恐怕是台灣面對二戰歷史，最考驗智慧的遺址了。

一方面中華民國是二戰盟軍成員，屬於戰勝國，但另方面美軍派機來轟炸台灣，除了炸毀軍工、基地港口、政府部門等設施之外，也波及民房、學校及傳統廟宇如龍山寺等，全台因空襲而死傷人數上萬人。

太平洋戰爭不是台灣人發起的，成為二戰日本入侵南洋的前進基地也不是台灣人決定的，應召參軍成為台灣人日本兵也可能是諸多現實條件下的無奈選擇，但美軍以此地是敵對陣營而實施全島轟炸，生命財產的損失卻是本島人被迫承受。美國在台協會在這裡悼念轟炸台灣、被高砲擊落、被俘後慘遭槍決的美軍飛行機組成員──台灣人應該用什麼觀點看待這個遺址呢？如果有台灣觀點，又該是什麼呢？

二戰當時正在寫《亞細亞的孤兒》的吳濁流描述了轟炸的慘重傷亡後說：「台灣正在替日本帝國主義發動戰爭的罪行承擔苦難。」我覺得這是最適當的答案。

發動戰爭的人應該接受全部的責難，慘重的傷亡要譴責的應當是最源頭的侵略者；台灣人在生命上的損害是因為台灣全島淪為日本戰爭機器的一環，被戰爭發動者綑綁著，終究無法掙脫被損害的命運。盟軍的責任是阻斷日本，台灣的不幸則是當時被日本規畫為前進南洋的殖民基地。

如何避免成為大國相爭的戰場，至今依然考驗著我們。

這段圍牆本是清代防禦外侮的古台北城，日本據台後拆城拿來蓋監獄；這裡關過台灣先賢，處決過台灣抗日烈士；而現在美國在台協會每年派員在這裡紀念當年轟炸台灣造成死難的

盟軍機組成員。一個遺址，說著三個時代百餘年的滄桑，至今還逼問著我們是否學到這一門如何在大國之間存活的功課。真是太沉重了。

▶ 16 南門小白宮 ─────────────

台博館南門園區裡的石造建築小白宮，以前是鴉片工廠的庫房。

日本殖民台灣自第四任總督兒玉源太郎（☞ 31_8）與後藤新平時代，為了避免台灣變成日本經營殖民地的負債，任內大力開發山林資源，推動各式民生物資專賣，其中最積極的當屬鴉片專賣。雖然日本本土嚴禁人民吸食鴉片（在台日人也同樣禁止），但對台灣人總督府仍然用「緩禁」之名，行大力推銷鴉片之實。

不只進口只能由特許的日商進口，一九〇六年甚至直接開辦總督府官營的鴉片製造廠，位置就在台博館的南門園區。工廠雖然已經拆毀，但興建得非常牢固的庫房至今還保存完好，就是現在稱為小白宮的石造建築，牆面具有隔熱防火功能的唭哩岸石，來自當年被拆除的台北城城牆。

終日本殖民時代，總督府列入專賣的商品計有菸、酒、鴉片、鹽、樟腦、火柴、石油及度量衡等八項，其中鴉片利潤最高，在後藤末期可占全台歲入的十七％，與樟腦出口收入相當，兩項就占歲收三分之一，是當時總督府最重要的收入來源。

鐵馬畫出萬神殿

　　台灣沒有萬神殿。雖然我們有忠烈祠，有國軍公墓，但這些大部分是有軍籍或者是為國犧牲的先烈才能入祀；而像巴黎萬神殿或倫敦西敏寺那樣，把對學術、文化、科學或藝術有貢獻的往聖先賢，也集中安葬的單一地點，台灣並不存在。

　　那要憑弔影響台灣的眾多先輩要怎麼辦呢？唯一的辦法只能把整個北北基當成一座巨大的萬神殿，用單車走一遍，這樣才能含括足夠多樣、影響台灣歷史的名人墓葬。也許其中有殖民者，但他們也是台灣歷史的一部份。這些地點汽車難以抵達，走路無法遍訪，只有單車是唯一可行的工具。

◎ 起點：紅樹林站
◎ 終點：深坑
◎ 難度：第四級，艱難挑戰級，艱難行程，
　　需要大屯山助航台不落地實力
◎ 里程：76 km，總爬升 1,056 m

手機掃碼進入
GPS 路線地圖

◎ 路線爬升示意圖

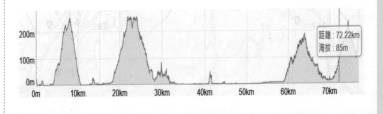

距離：72.22km
海拔：85m

台北沒有萬神殿也沒關係，我們可以用鐵馬畫出自己的萬神殿，或追悼先賢，或憑弔往昔傷痛，緬懷台灣走過的曲折歷史。

第一次開這個團時，我特地選在農曆七月，結果以前總是「秒殺」的約騎團卻只有八名車友報名，看來墓區加上鬼月的雙重禁忌對大家影響甚深。我強烈建議你先把傳統禁忌放一邊，看過以下諸篇再來決定是不是值得用鐵馬走這一遭。

▶01 新北忠烈祠

很少旅遊書會把新北忠烈祠排進行程，不過這裡真是個很有特色的忠烈祠。台灣各縣市忠烈祠大部分都是直接使用日本人興建的地方神社，新北也不例外，但有意思的是如果你注意一下新北忠烈祠所祭祀的靈位有哪些人？會發現新北跟大直的忠烈祠在定位上有顯著不同。

大直忠烈祠祭祀的是國民革命、剿匪、抗日的先烈，而新北入祀的則是台灣史上抗日、護台有功的人（包括平民），如霧社事件的花岡一郎兄弟，以及近年因公殉職的軍警消防等人員。由於不是主要觀光景點，這裡大樹森森，夏天到訪更顯清涼。

▶02 黃信介墓

黃信介本名黃金龍，一九二八年生於大龍峒，他的父親原居汐止，靠著碾米及木材業發家致富，買了許多土地。他是早期投身黨外運動者中，少數家有恒產的富家子弟。一九六一年

參選台北市議員時，由於特別景仰四年前訪台的日本首相岸信介，乃改名為黃信介。

最早黃信介本來是國民黨員，後來因為覺得國民黨缺乏民主改革決心，因而脫離黨籍，以無黨人士參選。在七〇年代黨外運動開始興盛的時期，他與康寧祥組成黨外後援會，全台助講。在他的組織串連及經濟支助之下，黨外運動開始更有組織化的發展。

一九七九年美台斷交，台灣人心惶惶。黨外人士籌組《美麗島》雜誌，由黃信介擔任發行人、許信良擔任社長、張俊宏出任總編輯、施明德為總經理，經費全由黃信介出資。不過《美麗島》雜誌只發行了四期，就因為同年十二月發生的「美麗島事件」而停刊。《美麗島》雜誌與「美麗島事件」對台灣近幾十年

座標：25.150476, 121.427052

來的民主政治影響深遠。黃信介成為民進黨內美麗島系的龍頭。

黃信介當選民進黨黨主席期間，帶領民進黨朝國會全面改選的目標邁進，並通過通稱為「台獨黨綱」的〈建立主權獨立自主的台灣共和國〉基本綱領。

黃信介去世之後，李登輝以「黎明前黑暗中的一顆星」稱讚他對台灣民主政治的貢獻：陳水扁則說黃信介胸襟開闊，充分發揮「桶箍」角色，團結反對運動的各方人馬，令人懷念。

黃信介的墓不像觀音山東南側大富家族的墓園面朝基隆河，用水帶財，墓葬多半想著富貴傳家；黃信介墓是朝向淡水河出海口，龍邊台北港，虎邊漁人碼頭，潮汐吞吐，頗有四海來朝的味道。

▶03 荷馬李將軍墓

（☞路線 26：北投三千萬年 _15）

▶04 尹仲容墓

（☞路線 26：北投三千萬年 _16）

▶05 章嘉活佛舍利塔

藏傳佛教的四大活佛，分別是主管前藏的達賴喇嘛、後藏的班禪、外蒙的哲布尊丹巴和內蒙的章嘉。章嘉現在已經沒有

多少人知道了，但從清朝二世章嘉到民國的十九世章嘉，在蒙藏地區乃至滿清皇朝都有巨大的影響力。

三世章嘉七歲時即受迎入宮，與日後成為乾隆皇帝的四皇子弘曆同受教育。乾隆晚年在協助後藏擊退廓爾喀入侵之後，改革西藏政制，頒〈喇嘛說〉闡釋「興黃教即所以安眾蒙古」的意義，並提出提出「金瓶掣籤」辦法，用以改革活佛轉世制度。

章嘉活佛主管的區域從內蒙直到青海，中間陝西、甘肅甚至北京也有隸屬章嘉管轄的佛寺，在四大活佛中，影響力非同小可。民國三十八年國府退守臺灣時，章嘉活佛也是搭上撤台班機的最後成員，成為四大活佛中唯一在臺者。民國四十一年

章嘉活佛舍利塔隱身在北投奇岩路中和禪寺後山的樹林中。

為玄奘大師頂骨歸還事，章嘉代表政府向日本交涉，後來果然成功歸還，奉安於日月潭玄奘寺，由此可見章嘉在東亞佛教界的影響力。

民國四十六年章嘉大師圓寂，遺言反攻大陸之前不會再轉世，因此政府並未接續認定章嘉系統的下一任活佛。章嘉圓寂火化時，留下六千多顆舍利子，據說是近世燒出最多舍利子的高僧。

▶ 06 北投畜魂碑

台北市僅存從日本時代遺留下來的三塊屠宰場畜魂碑之一。畜魂碑是日本習俗，用來祭祀因為人類口腹之慾而淪為刀下亡魂的家畜之靈，撫慰牠們早日投胎轉世。台灣沒有這樣的傳統，也沒有這樣的思考。台灣把精心飼養的肉品命名為「快樂豬」「安心雞」，把追捕獵殺稱為「人道移除」。這些都是自高自大，侮慢生靈的行為。我們欠缺一種對天地生靈的虔誠，尊敬或愧疚。

生命不是天經地義應該生來就是等著被宰殺吃掉的，生命是因為在物競天擇的情勢下，不幸被犧牲而成為「肉用動物」（見動保法），出生就注定被當肉的。人類應該承認自己是生存競爭的優勢物種，是為了自己生存而宰殺其他物種的無情掠食者。在吃下這些動物之前，應該有一點反省。

台灣人的身體裡每年有六億隻雞和一千萬頭豬吃下肚，我們何德何能有這樣的供養？把生命視為蛋白質供應鏈而沒有絲

毫抱歉？眾多生命成就了我們，我們應該怎樣回報這種以身為飼的供養呢？除了感謝天地續命，我們單從謝恩角度也應該重新思考，人在自然天地間應該扮演哪種更謙卑的角色。

北投畜魂碑現在安置在北投大興街旁的大豐公園內。

看著這樣的石碑，我總想著我們的文化，我們的精神世界似乎還欠缺很多東西，至少還欠缺異文化的激盪。單車旅行未必都是看風景，有時候應該也要看見我們自己的欠缺。

▶ 07 芝山巖同歸所

乾隆五十一年天地會領袖林爽文發動反清，事件後，山上屍橫遍野，地主無力處理，便把土地贈與地方，由仕紳公議管理。咸豐年間士林漳泉械鬥甚為慘烈，死者亦歸葬於此地。

每年農曆七月一日鬼門開，惠濟宮會在此主持大墓公墓門開啟儀式，至今士林地方四大角頭仍然遵照百餘年傳統，輪流在農曆七月主辦普渡大墓公。

墓頂的尖錐就是每年農曆七月開啟的墓門。

▶ 08 孔廟陳維英神位

陳維英是臺北孔廟自一九一九年建廟以來，首位入祀的本地鄉賢。

陳維英對北臺灣最大貢獻是漢文教育。除了在泰山明志書院任教，他手上還創辦噶瑪蘭的仰山書院，擔任艋舺學海書院的院長，一生作育英才無數，使得大龍峒文風鼎盛，有「五步一秀，十步一舉」的形容。時人尊之為「陳老師」而不名（所以陳家老宅就稱為「老師府」）。他知名的弟子還包括在士林芝山巖創辦義塾，使得士林文風大盛的潘永清。

陳維英除了擔任教職，也熱心地方事務，當年台北地區分類械鬥最慘烈的時候，大龍峒的同安人也受其害，他深感當時渡海移民地域成見太深，於是想用陳氏宗親的連結彌合地域的偏見（他有詩云：「泉漳閩粵分偏合，翁婿舅甥親亦疏……塗炭生靈灰屋宇，萬民雙淚一聲天」）。

他與孝廉陳恕發起陳氏「祖公會」奉迎穎川侯陳寔、開漳將軍陳元光、忠順王陳邕等陳氏遠祖及閩南陳氏兩大宗派的始祖神位，由台北各大陳氏家族輪流祭祀。陳維英雖然是大龍峒泉州同安人的領袖，但仍然迎入漳州陳氏的始祖祭祀，足以顯示他希望彌合漳泉閩粵界域的用心。

這個祖公會歷經清代、日本時代，最後在一九一四年遷建至大同區寧夏路，即今天的「陳德星堂」陳氏大宗祠。陳德星堂每年春、冬兩祭時都會恭讀相傳由陳維英寫的祖訓，「最可憎者，分類相戕……。願我族姓，怡怡雁行。通以血脈，泯滅界疆。」由此亦可得知陳德星堂興建的宗旨。

▶ 09 兒玉源太郎髮塔

（☞ 路線 31：滿清、日本到民國──大時代的故事 _8）

▶ 10 林森公園明石元二郎墓前鳥居

明石元二郎是台灣第七任日本總督，也是唯一一位葬在台灣的總督。林森公園的大鳥居原先就是他的墓塚鳥居，

一九九九年公園改建時，明石遺骨遷葬至三芝，鳥居則重新豎立在公園現址。

一九一八年明石元二郎就任台灣總督，他考慮的台灣經營目標是，積極發展台灣與南中國、南洋的往來關係，使台灣成為日本帝國前進南方的基地。任內主要建設包括日月潭水力發電廠、台灣電力株式會社（台電前身）、嘉南大圳籌畫、成立華南銀行、縱貫鐵路海線完工（海線的興建是因為當年山線規畫失當，導致貨運擁堵問題，貨物滯留在車站，史稱滯貨事件，不得已而另開海線疏運）等。

因林森公園周邊有許多日本觀光團商店，當地里長會請店家特別介紹明石元二郎鳥居，因此讓這裡成為觀光景點。

▶11 傅斯年墓園

如果你經過羅斯福路轉新生南路的台大正門，應該不會注意到就在一個樹蔭矮牆之內，安葬著影響台大校史最重要的校長，傅斯年。

那個幽靜的墓園，前身是台北帝大理農學部的南洋樹木標本園。為什麼南洋樹木要種在亞熱帶的台北呢？原因是當年日本殖民政府開辦帝大的目的，乃是希望帝大的學術能為日本殖民南洋而服務。

傅斯年接任台大校長，對這個「帝大使命」非常介意，在他著名的台大校慶演說裡就提到：「日本時代這個大學的辦法，有他的特殊目的，就是和他的殖民政策配合，又是他南進

台大校門外就可看見希臘列柱風格的傅斯年墓園。

政策的工具。」「我們接收以後，是純粹的辦大學，是純粹的為辦大學而辦大學，沒有他的那個政策，也不許把大學作為任何學術外的目的的工具。」

「臺灣大學應該以尋求真理為目的，以人類尊嚴為人格，以擴充知識，利用天然，增厚民生，為工作的目標。」

在致詞最後，傅斯年提出了那句傳頌一時的名言：「借用斯賓諾沙的一句格言：我們貢獻這個大學于宇宙的精神。」現在這句話就刻在台大校史館傅斯年半身像的正後方。

為了貢獻大學于宇宙精神，傅斯年擋擋各方人情、壓力，親自擬定教師聘用、升等制度。又設立嚴格的入學招生辦法，創設台灣第一個把命題教授關入圍場的出題制度，還派警察在

外把守。中文系教授屈萬里就曾回憶在裡面住過三夜，猶如「臨時監獄」。

不過傅斯年的貢獻遠遠不止於台大。他是歷史學者，在英、德留學後受命籌辦中研院歷史語言研究所。在他任內多次派出考古隊，用西方考古學最先進的考古方法挖掘殷墟，是中國第一次使用現代考古學方法挖掘遺址，出土的甲骨地層相關資料均精細記錄，推動後續研究，成果也徹底改變了上古史的研究。至今南港史語所所藏甲骨文物仍然是海內外首屈一指（☞ 32_12），全賴傅斯年主持史語所運籌帷幄的功勞。

傅斯年任台大校長不及兩年，最後又死在任上，台大學生堅持要把他們的校長葬在校內，這就是現在我們看見的傅園。昔年軍國主義者推動的南進政策在這裡遍植南洋樹木，如今已成為拱衛墓園的森森樹蔭了。

▶12 蔣渭水衣冠塚

蔣渭水少學漢文，長而學醫，在醫學院讀書就加入了國父的同盟會。

民國二年袁世凱派人暗殺國民黨宋教仁，又擅自越過國會向列強借款，引發南方各省通電反對，國民黨發起二次革命討袁。遠在台北唸書的蔣渭水與同學群情激憤，決議用醫學院正在教授的細菌學知識，派人去北京狙殺袁世凱。由杜聰明培養了霍亂弧菌裝在保溫瓶內，和翁俊明同行進北京，可惜北京水源管制與台北不同，自來水廠門禁森嚴，不像台北有開放的蓄

水池。這次毒殺計畫以失敗告終。

但蔣渭水其他幾次與總督府對抗則大為成功。一九二九年，總督府公佈〈臺灣阿片令〉以緩禁鴉片名義，繼續執行鴉片專賣政策；蔣渭水領導的民眾黨向來提倡鴉片絕對禁止主義，因此致電日本國內總理大臣與拓務大臣，並向日本各報社要求刊載反對聲明。次年蔣渭水更直接致電日內瓦國際聯盟，國聯隨即決議派員來臺調查。使臺灣鴉片問題一躍成為國際事件。總督府迫於國際壓力，不得不改弦易轍，推動鴉片矯正治療工作。

同年十月霧社事件爆發，日軍警圍攻不利竟用毒氣鎮壓霧社泰雅族人，民眾黨透過日本國內政治發布相關事實，披露總督府使用毒氣毒殺原住民，引起日本中央政府震動，甚至成為國際新聞。最後日本為緩和各方壓力，不得不罷免臺灣總督、警務局長等官員。

這是蔣渭水在日本時代憑藉巧智，以平民的身份一舉拉下總督，可謂是台灣非武裝抗日運動的最高峰。

一九三一年，四十歲的蔣渭水正當盛年卻因為傷寒而去世，死後台北市民為他舉行「大眾葬」，全台各地自動聚集致哀的群眾竟高達五千餘人，將大稻埕擠得水洩不通。

崇德街這個衣冠塚原本是蔣渭水歸骨之所，但在二〇一五年骨灰遷回宜蘭故鄉渭水之丘，這裡就改為衣冠塚。北市府並在墓碑前整理山坡，闢為紀念廣場。

墓碑後方山徑是台北極少數能夠近距離跟一〇一同框合影的地方，值得把單車扛上來合照一張留念。

▶13 政治受難者紀念公園 ──────────

　　這個紀念公園在陳水扁市長任內規畫，馬英九市長任內建成，紀念的是一九五〇年代因為白色恐怖而被拘捕判刑槍決而葬在此地的二六五名「政治事件」受刑人。

　　但很奇異的，大部分紀念公園都會有政治人物署名，視為政績，唯獨這個紀念公園雖然有紀念碑，卻沒有任何長官在上面署名。為什麼呢？

　　原因還得回溯到事件發生的年代。那是一九四九年國民政府撤退來台，宣佈戒嚴；由於痛失大陸的教訓，國府開始在島內大力肅清匪諜，舉報、佈間、偵察，抓捕工作至五〇年代達到最高峰，被捕若判處死刑，就在馬場町（今改建為馬場町紀念公園）執行槍決。當時槍決後的遺體，有親友認領就發還，在台無親友認領的就發交極樂殯儀館公費安葬，或轉交國防醫學院做醫學解剖之用。事後統計葬在此地的死者多數（約六成）是外省籍。

　　數十年後，白色恐怖受刑人成立「政治受難人互助會」，開始追尋當年難友被槍決後埋骨的下落。一九九三年互助會成員在六張犁發現了極樂殯儀館的墓區，裡面有被槍決親友的墓碑。這個墓區才終於曝光。

　　然而依照受難人互助會會長蔡裕榮的觀點，這裡的受難者並不是含冤枉死，而是光榮犧牲，他們的期待，是統一之後這些「烈士」能夠獲得「光榮處置」。這個觀點在公園的「人民忠魂碑」對聯上也表露無遺：

「民主統一走向富強壯志未酬」

「愛國愛鄉改造社會死而後已」

　　但如果受難者果然死得其所，那麼豈非從反面證實了政府是查獲叛亂顛覆的事實，而依法槍決？事實上葬區中有多名中共地下黨組織成員，日後也確實列名在北京西山的革命烈士紀念碑上。

　　近年的「白色恐怖」研究已經確認這裡有許多「受難者」其實是有組織、有計畫，甚至有行動的要推翻政府的左翼勢力。當年立法院在討論受難者賠償的過程中，就有人主張：部分受難者是要幫助中共顛覆政府佔領台灣，把「白色恐怖受難者」一律視為政治犯加以賠償並不合理。

　　於是在這裡，我們面臨一個困境。一邊是我們希望台灣永遠不要再發生的、用舉報、濫捕、刑求逼供、牽連無辜而惡名昭彰的白色恐怖鎮壓手段；另一邊則是組織、行動立志要推翻國府的左翼勢力，他們在大逮捕的風潮中落網，終至槍決，但在倖存難友的口中卻是求仁得仁。

　　到底是非要怎樣衡量？也許就是這個紀念公園為什麼無人署名的原因吧。因為這裡的受難者原先背負的理想主義，如今在台灣已然是不合時宜的存在。

　　二○○一年時任北市文化局長的龍應台決定將這一片潦草安葬的亂葬崗，送市府古蹟審議，希望原樣保留台灣歷史的痕跡。二○一六年北市府將這裡登錄為台北市文化景觀。這一片亂葬崗終於可以原樣保留下來，等著我們思索更完整的答案。

▶14 回教公墓禮儀碑

第一次看到回教公墓的禮儀準則時，非常震撼。

穆斯林到這裡上墳，不能鞠躬，不能下跪，不能叩頭，不能燒香，不能放供品，連放鮮花都不許，也不能祈求亡者保佑——大概所有漢人掃墓會做的事情，除了除草，其他一概禁止，能做的只能求真主饒恕亡者生前的過錯，賜福給亡者（而不是活著的人）。

我很訝異這樣與漢人傳統完全相反的另一種傳統，我只有到公墓區才能學到，而這種傳統事實上存在於我們生活周遭。台灣伊斯蘭人口固然不多，但如果加計印尼移工，會有二十餘萬，台北市區遇見包頭巾的女士機會也很高；而我對這樣族群的了解竟然這樣陌生。這是讓我震撼的第一件事。

第二件則是這樣的文化竟然能夠在漢人的文化圈裡存活並

且傳衍，那種絕不妥協，沒得商量的堅持，連基督宗教都望塵莫及（基督諸教還接受漢人祭拜祖先）。每次單車行過這裡都止不住那種正面遭遇真實文化撞擊的震撼。

▶ 15 史語所歷史文物陳列館

文物陳列館收藏的東西放在全世界中國古史、漢學、文字學都是驚天動地的大發現、大珍藏。王國維說二十世紀初中國學術界有四大發現，包括殷墟甲骨文、居延漢簡、敦煌藏經洞文書、故宮明清檔案，除了敦煌文書之外，其他三件都是史語所收藏的主力，現在我們在文物陳列館中都可以看到。

這些東西是史語所一整個世代的學人歷經戰亂、奉獻所學所累積的學術珍寶，其中促成這些收藏最關鍵的人物叫傅斯年。

一九二八年，傅斯年在廣州奉命創辦歷史語言研究所，他寫了一篇文章描述這個研究所的宗旨，結論說：「我們不是讀書的人，我們只是上窮碧落下黃泉，動手動腳找東西！」因為他深受斯坦因發現敦煌，王國維研究甲骨文的成績所激勵，深信「歷史學即史料學」，沒有新史料、新工具、新視野就沒辦做出好的歷史研究。

因為這個信念，史語所一開辦就立刻組織考古隊直赴殷墟，使用最現代的考古知識挖掘殷墟遺址，前後十六次，挖掘出的有字甲骨片達三萬餘片，深埋地下的禮器、祭器、兵器、馬車甚至人骨遺骸不可計數，殷墟文物出土完全改寫了商朝的歷史，對漢字研究也開啟了新天地。

史語所收集的歷史文物跟故宮文物一樣歷經多次搬遷，最後能夠完整遷移至南港，這不只是靠聰明才智，也是傅斯年優越的行政辦事能力的展現。現在史語所所藏，仍是全世界最豐富、最高品質的甲骨文物，歸功於傅斯年及他創辦的史語所。

文物陳列館的文物特別依照文物所處時代的脈絡策展，因此可以讓參觀者了解那個時代的歷史，以及文物的價值。非常值得入館參觀。文物館不是墓園，不過裡面有許多從殷墟大墓中挖掘出來的殉葬人頭骨。現在每周三、六、日開放。

▶16 胡適墓園

他的前半生在中國，後半生在台灣，他的一生則是全世界所有寫中文的華人必然會承受其影響的大人物。

胡適早年喪父，由母親一手養大，媽媽送他去私塾讀書，暗地裡出三倍的學費，請老師每教一句都要講解。這很快就看出成效，同學看不懂的家書他可以幫忙解釋。

九歲那年，他偶然在四叔家裡發現一本既無封面也無頭尾的破書，一本只剩中間半截的《第五才子》書，開頭寫著「李逵打死殷天錫」。李逵他認得，從小在戲台上看人演過，但《第五才子》是什麼書他可不熟，他就站在客房裡把半截殘本一口氣看完。

看完更不得了，這故事怎麼來的，前頭是什麼情節，後頭會怎樣發展，他通通不知道。他到處找人問那書有沒有足本，終於透過五叔的關係借到了足本《第五才子》，那其實就是我

們熟知的《水滸傳》。

胡適後來在自傳裡說這本書「為他的童年打開了一個新鮮的世界」，原來書不只是四書五經，還有大千世界的喜怒哀樂愛恨情仇；這同時也啟發了他對白話文的思考，古書需要老師帶領逐字講解才能明白，但白話小說呢，他不需要老師講解就可以直接看懂了。

日後他留學美國寫出轟動全國的〈文學改良芻議〉，大力倡導白話文，影響了此後中國人以白話寫作的風氣，胡適可謂領時代之風騷，成為五四新文化運動最重要的推手。

留學歸國後他進北大教授哲學，開啟他的學術生涯，發表著作包括《中國哲學史大綱》《中國章回小說考證》《白話文學史》等，雖然許多都只有上卷而無下卷，但在各相關領域卻都是用現代學術方法研究傳統問題的開山大作。例如在紅樓夢研究領域，他便是考證派紅學的創始人。疑古派史學家顧頡剛就

二○一一年彭明敏教授與李筱峰教授前往胡適墓園致敬。（影像來源：胡適紀念館）

曾說他的觀念得力於胡適的實驗主義史學方法。

　　胡適經常盡一己之力支助好學的人，錢借出去從來不去想是否能回收，因為他認為，「一本萬利，利息永在人間」。如林語堂、陳之藩、彭明敏等人，都受過他的金錢支助。

　　除了文化與學術，胡適在時局上也有極高的影響。他創辦或參與的多種雜誌如《獨立評論》、《自由中國》，批評朝野，提倡自由主義，他認為自由不是萬般隨意，而是容忍比自由更重要。他與陳獨秀辯論時的名言是：「凡不肯承認異己者自由的人，就不配談自由。」晚年置身在國民政府與《自由中國》諸君之間作調人，不斷申明的主張更是「容忍是一切自由的根本，沒有容忍，就沒有自由。」

　　胡適的一生與中國現代史緊緊相連，但他並不以做官為人生追求，他也多次拒絕國民黨政府出任要職的要求，除了抗戰時期接受國家指派出任駐美代表，他最高職務是擔任中研院院長，一九五八年胡適接任中央研究院院長，老蔣總統親蒞致詞，希望教育界、文化界與學術界人士「一致負起恢復並發揚我國固有文化與道德之責任」。這在畢生以「重新估定一切價值」自許的胡適而言，是個難以接受的觀點，他接續致詞時直言，學界和中研院要挑起反共復國的任務，「我們做的工作還是在學術上，我們要提倡學術」。老蔣非常生氣，在日記裡連寫了好幾天，但在公開場合仍然維持敬重。

　　一九六二年胡適因心臟病突發，死於任上。死後葬於南港李家捐贈的小山坡上，現在墓園闢為胡適公園，經常有國際訪客至此獻花悼念。

▶ **17** 雷震、殷海光墓 ─────────────

　　雷震、殷海光等人葬在深坑、南港交界的「自由墓園」裡。他們因為「自由中國」雜誌的聚合而葬在這裡，也因為在雜誌中發表的言論而成為戰後台灣民主自由思想的開路先鋒。

　　早在國共內戰即將分出勝負的一九四九年初，多位信仰自由主義的知識份子就在上海倡議組成自由中國大同盟，希望團結所有反共力量改變中國淪陷的命運。

　　三個月後更多人在台北時任台大校長傅斯年家中聚會，包括許孝炎（香港時報董事長）、雷震（行政院政務委員）、王世杰（後出任總統府祕書長）、杭立武（教育部長）、俞大維（後出任國防部長）等多位黨國中堅幹部，他們決定要組織「自由中國社」出版雜誌，在思想上對抗共產主義，並邀請胡適撰寫雜誌社的出版宗旨，他們的計畫甚至獲得老蔣總統承諾贊助經費。

　　年底，中國情勢急轉直下，十月一日中華人民共和國成立，《自由中國》雜誌則以政府支持的反共刊物的風貌在十一月創刊。起初雜誌與政府關係良好，不但有經費支持，政府機關甚至軍方也訂閱數百份發交直屬機關閱讀。

　　但隨著國際情勢轉移，老蔣總統日益轉向要建立一個獨裁領導的黨國體制，這就使得政府與這一批自由派知識份子之間產生了無法調和的矛盾。

　　在上個世紀五〇年代二二八及白色恐怖權威掃蕩過後，本島知識份子噤若寒蟬，只有《自由中國》敢於高舉自由、民

主、反共的大旗，批評時政，介紹自由思想，推崇民主憲政，反對獨裁，提出反攻大陸無望論等觀點，而成為台灣自由主義思想的堡壘。

一九六〇年雷震因為組織新的對黨而不見容於當道，被老蔣下令拘捕。中國民主黨的組黨計畫被迫終止。

殷海光未滿五十英年早逝，雷震晚他十年辭世，雷震生前預購的墓園，還留一處所給殷海光百年之用，所以現在我們看到兩人都葬在這個以「自由」命名的墓園。他們一生追求民主自由，不惜對抗獨裁統治，因此為台灣自由思想與反對運動留下了薪火餘脈，是今人不可忘懷的典範。

自由墓園在深坑萬福路上，從莫內咖啡對面路口進去，約七百公尺可達。

士林三百年

路線
33

　　士林以夜市聞名，但士林的魅力不只是夜市，而是一個從山到水，從清朝到民國，濃縮著族群、歷史與山水的美麗小城。

　　士林夜市以媽祖廟慈諴宮為中心，四圍環繞大小兩套圍繞東西南北街路的護衛系統，當年開闢街市時，不像大台北其他

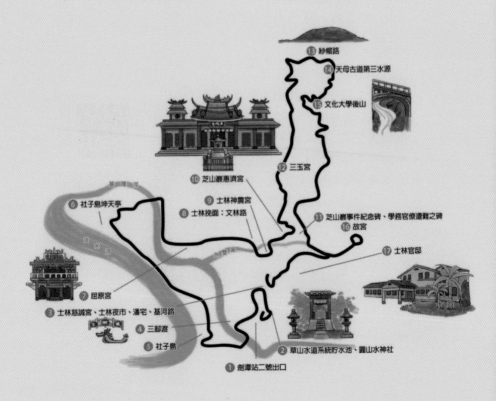

⑬ 紗帽路

⑭ 天母古道第三水源

⑮ 文化大學後山

⑫ 三玉宮

⑩ 芝山巖惠濟宮

⑨ 士林神農宮

⑧ 士林挽面：文林路

⑥ 社子島坤天亭

⑪ 芝山巖事件紀念碑、學務官僚遭難之碑
⑯ 故宮

⑰ 士林官邸

⑦ 屈原宮

③ 士林慈諴宮、士林夜市、潘宅、基河路

④ 三腳渡

⑤ 社子島

② 草山水道系統貯水池、圓山水神社

① 劍潭站二號出口

老街是自然生成，而是先規畫了整體佈局，然後才建設街屋。士林街建設之前，漳州人的聚落原本在舊街神農宮一帶，咸豐年間社子島泉州人火焚芝蘭街，加上雙溪洪水氾濫，使漳州族人商議遷地重建，才找上了舊稱下樹林的士林街這一帶。

今天如果你騎單車穿過慈誠宮，會發現慈誠宮地勢略高於周邊，這就是當年漳州頭人潘永清選址在這裡的理由。士林新街地勢高，前臨河港（不過基隆河截彎取直，這裡的舊河道填平變成了今天的基河路），又規畫防禦通渠，兼有貨運行船、生活排水之便，於是新街便迅速繁榮起來。這是士林商圈與士林夜市得以出現的一百六十年大背景。

◎ 起點：劍潭站二號出口

◎ 終點：士林站

◎ 難度：第三級，勇腳運動級，勇腳行程，
　　需要風櫃嘴不落地實力

◎ 里程：50 km，總爬升 673 m

手機掃碼進入
GPS 路線地圖

◎ 路線爬升示意圖

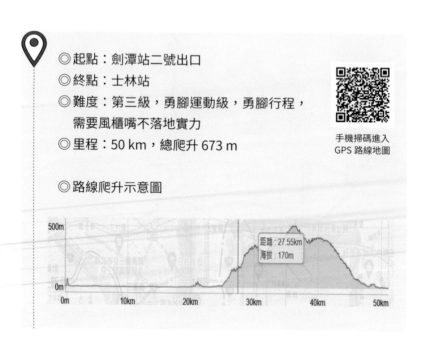

漳泉械鬥的記憶已遠，但士林傍山面水的交通轉運地位卻從清朝延續到民國，故宮選址在這個山邊小鎮，老蔣官邸在劍潭山北側，士林是這個踞山可守，距市中心又咫尺可達的水陸樞紐。

▶ 01 劍潭站二號出口 ───────────

▶ 02 草山水道系統貯水池、圓山水神社 ────

草山水道系統是一九三二年日本人為因應台北日益增加的人口，而新建的自來水系統。水源來自陽明山第一及第三水源的天然湧泉，從天母水管路送至山腳的三角埔發電所，然後轉送至圓山儲水槽，最後用鐵水管跨越基隆河，併入原有的台北水道系統。

貯水池在臺北自來水事業處陽明營業分處後山，沿石階往上走五分鐘即可抵達。貯水池南邊有圓山水神社，是日本人為紀念貯水池興建殉職的工人而建。

目前草山水道的水源只供應陽明山區及天母一帶即已用完，所以台北其他地區市民無緣享受來自陽明山區的天然湧泉。

▶ 03 士林慈誠宮、士林夜市、潘宅、基河路 ──

慈誠宮是「士林新街」的核心，一八五九年之前，漳州人在士林發展的重心在現在神農宮周邊的舊街，但由於漳泉械鬥，舊街被焚一空，加上水患困擾，地方仕紳潘永清登上芝山

嚴勘查地勢，發現當時叫下樹林的地方，沒有被大水淹沒，於是倡議遷移到下樹林重建街庄。就是後來通稱的士林新街，也就是現在士林夜市所在的地方。

漳州人因為深受族群械鬥之苦，所以這次遷建特別重視防禦，以慈誠宮為聚落中心，街區四方外環兩重街道，第一層是東西南北四條大路，往外第二層是東西南北四條小街，街口相交的地方設有隘門管制進出，層層阻絕，易守難攻，如有外敵入侵，媽祖廟敲中示警，街庄男丁可以迅速趕至廟埕中心點集合。

潘永清在大南路建的潘氏古宅現在是市定古蹟，潘公將其作為家族公廳，未設房間。此一座東向西的屋舍以一直線分劃成前庭、正門、中庭、大廳、中廳、涼亭、後廳、後門。允許有事者通行，成似如一種公路的形狀，因此街民稱此家屋為「局館」。

▶04 三腳渡 ─────────

三腳渡是基隆河西段未截彎取直前，葫蘆堵（社子）、大龍峒和劍潭三個渡口對渡的船渡。基隆河改道，番子溝填平之後，前兩個渡口消失，就只剩下後港街這個渡口繼承了三腳渡的名稱。

這裡還留有早期龍舟競度的傳統，以及手工製船的國寶級匠師阿正師的龍舟工作坊。

工作坊邊是全台最特別的升降土地廟天德宮，由於基隆河行水區遇強颱就會漲水，天德宮信徒為廟身加裝了四根升降立

柱，每逢豪雨就把土地廟連神帶廟一體上升，可免土地公淹水之苦。天德宮內還存放大量各式神像，原因是七〇年代台灣流行大家樂，賭徒到處求神報明牌，如果明牌不靈，信徒損失慘重就會把氣出在神像上，棄河不管，神像漂流到三腳渡，漁民不忍，就撿起來一起放在天德宮接受供養。

▶05 社子島

社子島本來真的是個島，後來基隆河截彎取直，加上七〇年代高速公路填固路基，把番子溝填平，延平北路延伸與市區連結，現在社子島就變成了半島。由於社子島原本是河中的沙洲，地勢低窪，淹水是家常便飯，使得全島在一九七〇年被畫為洪氾區，限制開發。直到二〇〇〇年防潮堤建成，解決了社子島水患的問題，但一直到二〇一六年市府才確定「生態社子島」的規畫，重新開發。

▶06 社子島坤天亭

（☞路線25：台北盆地簡史_15）

▶07 屈原宮

屈原宮是全台獨一無二的水仙尊王廟，台灣大部分水仙宮是以多位水利、水難相關的古代名人合祀，例如艋舺龍山寺以

大禹為水仙尊王，配祀以伍子胥、屈原、李白、王勃等四人；而屈原宮則主祀屈原為水仙尊王。廟中楹聯全部是讚美屈子辭賦，感嘆忠貞受謗，落拓江湖，自沈大江的用典。

二〇二一年因應北投士林科學園區開發，這裡重新營造為具有地方信仰中心氣派的視覺意象，墊高周邊地層，屈原宮原先為防水患而建的防洪一樓沉入地下半層，原本的正殿二樓現在則成為拾級而上的大殿，氣勢格局皆有地方大廟的氣勢，新建台階欄杆裝飾楚辭描寫的香草植物圖鑑，也頗見新意。

屈原宮是臺北市龍舟賽發祥地。從清朝開始就有龍舟競賽，日本皇太子裕仁巡台時就在基隆河邊欣賞過屈原宮主辦的龍舟賽。每年端午，屈原宮舉辦的龍舟賽從湘水忠靈祭、獻

江、龍舟競渡、謝江等完整儀式，儀典隆重，至今流傳。台灣的龍舟渡江傳統可能就只有屈原宮的祭典最保有古風。陳水扁時代開辦台北國際龍舟賽，龍舟點睛儀式也是在屈原宮舉行。

▶ 08 士林挽面：文林路

台北現在差不多已經看不見這項的古老的修容技藝了，只在古老的士林還可看到商業營運的挽面攤位。

▶ 09 士林神農宮

士林神農宮是士林最老的廟，與慈誠宮、芝山巖惠濟宮並稱為士林三大廟。雖然廟名叫神農宮，但最早其實是土地廟，拜的是福德正神，五穀先農是陪祀神尊。嘉慶時，淡水同知來訪，見廟宇建有翹脊、燕尾，與土地神神格不符，建議改以更高神格為主神，嘉慶十七年（一八一二年）重建時，改為主祀神農大帝，並更名為神農宮。

神農宮現有最早記錄漢人開墾士林（時稱蘭林）的石碑「芝蘭廟碑記」，收在大殿龍邊管理員辦公室中。

▶ 10 芝山巖惠濟宮

芝山巖惠濟宮主祀開漳聖王，因為士林地區是台北少數以漳州人為多數的聚落，周邊泉州人覬覦士林水利便利，農商繁

榮，所以常來劫掠騷擾，漳州人變把開漳聖王廟蓋在芝山岩山頂，並用巨石在四邊做了隘門以備防守。

道光二十年，八芝蘭街士紳潘永清於惠濟宮後方增建文昌祠，祠內供奉文昌帝君，並設置義塾，成為士林漳州移民社群的教育中心，也導致後來士林地區文風鼎盛，有「士子如林」的稱號。光緒年惠濟宮重建，合併同在山上的芝山巖觀音寺，文昌祠和義塾，成為一座綜合道佛信仰的民間信仰中心，更名為芝山巖惠濟宮，前殿主祀開漳聖王，後殿一樓是觀音佛祖殿，二樓則是文昌祠供奉文昌大帝。

從康熙年間生長至今的老樟樹。

一八九五年日本總督府學務部在芝山巖設立的「國語傳習所」（日人之國語，即日語），就是惠濟宮後殿這裡，使用地方仕紳籌辦的義塾。因此士林鄉民深為不滿，也種下隔年士林義軍，攻陷士林街警察署，搗毀傳習所，殺死留守教職員的結果，這就是芝山巖事件（☞路線 31：滿清、日本到民國──大時代的故事 _3）。

惠濟宮還保留了一面「芝山合約碑記」，記錄芝山巖地主因乾隆年間林爽文事件後，山上屍橫遍野無力處理，而把土地贈與地方公眾的舊事。碑記中更罕見地記錄了禁止砍樹的條款。因為芝山巖在漳泉械鬥中的城寨價值，如果樹木豐茂，就可維護地脈，保留山上水土，械鬥發生時可在山上長期據守，打持久戰。

碑記中說「該山上下樹木，不許砍傷」，原因是怕人盜砍，「有傷地脈」。過去對地脈的解釋都從風水觀，解為恐傷「龍脈」，但若配合芝山巖西門山腰的「仙水」傳說（當年漳泉械鬥時，漳州人被困在山上無水可飲，結果開漳聖王夜中賜夢指示說山腰有水，漳人終憑仙水之力反攻，解除危機），解為地底「水脈」可能更為合理。禁止砍樹的條款歷代皆不斷重申，以致於山上老樹繁多，至今尚可發現全台北樹齡最老的三百年老樟樹，就長在雨農閱覽室旁。

▶11 芝山巖事件紀念碑、學務官僚遭難之碑 ──

（☞路線 31：滿清、日本到民國──大時代的故事 _3）

▶ 12 三玉宮：天母的由來

（☞路線 31：滿清、日本到民國──大時代的故事 _2)

▶ 13 紗帽路

　　紗帽路沿著紗帽山腰平緩上行，是單車騎往陽明山前山公園最緩和的山路。上陽明山如果要避開仰德大道的龐大車流，可以考慮改走紗帽路，上下山都比較安全。

　　從紗帽路第一展望公車亭右側小路往下走，經過著名的第三水源藍寶石泉（只開放團體預約參觀），經過淞溪小橋，到愛富三街十二巷，右側下行石階有「天母古道」碑記，繼續扛車下去，約二五〇級石階可到水管路碎石路段。

　　天母水管路後段是一條長約二公里的平面山徑，路基下面是草山水道系統的水管，上面以碎石鋪平，是一段幾乎水平的平路。原先是水管路也是維修路，現在更成為健行步道。單車騎行請禮讓山友先行，不要按鈴噹。

▶ 14 天母古道第三水源

（☞路線 24：基隆河溯源之旅 _12)
（☞路線 33：士林三百年 _2)

　　著名的藍寶石湧泉，在天母古道的平面段盡頭，目前只開放給旅行團團進申請。第三水源從地底經過多重礦石自然過

濾，而自岩縫湧出，無需人工過濾就已經是清潔乾淨的水質，水中並含有鈣、鎂、鈉、鐵等礦物質。

台北自來水公司一度考慮把水直接裝瓶出售，不過目前還是做為自來水水源，供應天母地區生活用水。在古道的休息涼亭有飲水機，免費供應第三水源的藍寶石泉，值得把你的水壺喝空裝滿。

▶ 15 文化大學後山

這裡是大台北公路車最佳俯瞰點 Top12 的俯瞰點（☞ 44_12），一向是台北情人約會看夜景的聖地。

▶ 16 故宮

故宮現在在台灣也變成一個尷尬的存在了，當年守運「國寶」千辛萬苦從北平、重慶、南京到台中，最後落腳士林；昔日的皇家文物，曾經的國之重寶，好像跟台灣沒什麼瓜葛了，民進黨執政後提名的幾任院長，一心想著如何用東亞框架重新定位文物，而不是在文物中重建華夏文明的軌跡。

然而故宮從館名到藏品，每件事情都在宣告她的華夏淵源與大內出身，而國際觀光客則因為她來自北京故宮的身世，而遠渡重洋前來拜訪；故宮作為華夏文化的守藏人，在此時此地顯得特別地格格不入。新冠疫情期間故宮的國際訪客消失，一下減少了八成五的客源，即使台灣本土國旅大爆發，也絲毫補

不了故宮流失的訪客數。

故宮曾經是台灣的文化冠冕，但卻在本土化浪潮中失去了與本國同胞的精神連結。實在讓人悲嘆。

▶ 17 士林官邸

士林官邸是老蔣總統晚年居住時間最久的官邸，位置在劍潭山北側，山稜夾峙的一個谷地。一般士林的房地產傳說都說這裡前臨雙溪、基隆河，背靠劍潭山，左右龍虎護龍，藏風聚氣，是絕佳的風水寶地，不過實情可能是這裡地處山壁凹處，容易布防，緊鄰中山北路，進入市區簡單，山腳開鑿密道，直通山腹的橫山指揮所，戰時可作為政軍指揮中心。

官邸在一九九六年開放，整體佈局類似棋盤式規畫，看起來有點像農園，原來這裡在成為官邸之前，原屬日本時代總督府殖產局的園藝試驗場，後改為士林園藝試驗所。一九四九年後省政府在這裡蓋了招待所，隔年規畫為總統官邸。園藝所仍然保留。

官邸公園每年都會規畫不同的花卉特展，如鬱金香展、玫瑰花展、蝴蝶蘭展、菊展等，是台北園藝愛好者的樂園。

台北石頭記

　　歷史是記憶與遺忘的鬥爭，誰能記得最久，就會贏得歷史的解釋權。那麼怎樣才能記得最久呢？靠大腦嗎？靠寫書嗎？還是刻在烏龜殼上？……如果在沒有電腦，沒有雲端硬碟，沒有印刷術的時代，你要怎樣長久保留歷史記憶呢？

④ 周氏節孝坊

⑤ 北投畜魂碑

③ 關渡三潮勝景碑

⑥ 淇哩岸站打石產業

① 八里獅象守門遺跡

⑦ 石牌站漢番界碑

② 關渡宮龍柱

⑧ 芝山合約碑記

⑨ 神農宮芝蘭廟碑記

⑩ 劍潭公園狛犬

⑪ 清機器局圍牆

⑫ 崁驛銅鐘橫額

⑬ 台北府天后宮遺跡

⑭ 金山南路台北監獄

⑰ 萬華青草公園石敢當

⑯ 南門小白宮

⑮ 南福宮北白川宮親王大妃和歌碑

全世界的古文明都想到的辦法，就是用石頭。秦始皇有泰山刻石、琅邪刻石，巴比倫有漢摩拉比法典石柱，埃及有羅賽塔石碑，羅馬有圖拉真紀功柱，它們全都是刻在石頭上的，流傳的時間可以超過三千年以上（你還記得二十年前用的軟碟片收去哪了嗎？）。

　　大台北地區也有許多石頭，訴說著從清朝開發以來，這裡的族群、歷史、政治、商業、風土變遷的故事。讓我們騎著單車一一來拜訪這些飽經風霜的石頭吧。

◎起點：紅樹林站
◎終點：萬華青草公園
◎難度：第二級，小坡練腿級，新手練坡行
　程，需要崇德街不落地實力
◎里程：33 km，總爬升 86 m

手機掃碼進入
GPS 路線地圖

◎路線爬升示意圖

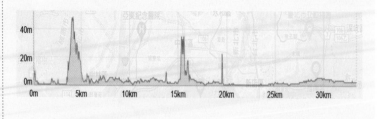

▶ 01 八里獅象守門遺跡

　　這是藏在淡水河高潮線底下的岩石，只有低潮時刻才會露出水面，原本屬於獅子頭山的岩盤。當年美軍工兵團炸掉獅子頭山，拓寬關渡隘口（☞ 21_29），希望台北颱風暴雨時刻的洪水可以及時排出，不料千算萬算沒料到，洪水可以排出，海潮也可以入侵。而海潮一旦淹沒了良田，就成了鹽地，無法耕做稻田。五股、蘆洲低地因此廢耕，最後被政府徵收，闢建為今日我們所熟悉的二重疏洪道。

河對岸關渡宮後面山壁，用水泥封起加固的一片就是當年炸山後的補強措施，五股這邊的山頭也有同樣水泥封固的山壁。

▶ 02 關渡宮龍柱

關渡宮是北台灣最早興建的媽祖廟（☞路線 24：基隆河溯源之旅 _4），正殿虎邊的一對石雕龍柱可以見證關渡宮早期的歷史，龍柱上「乾隆癸卯瓜月吉旦」刻字是乾隆四十八年（一七八三年），另一邊「北投社弟子潘元坤、劉士損、金佳玉同喜助」，可以見證當年媽祖信仰跨越種族的實況，包括平埔族人也以弟子之名奉獻建廟。這一對龍柱是北台灣目前所知年款最早的龍柱。

▶ 03 關渡三潮勝景碑

陸軍上將黃杰提字的關渡三潮勝景碑。在民國五十三年以前，每逢中秋大潮，海潮與基隆河、淡水河在關渡相會，三潮激盪成為著名的關渡三潮盛景。可惜民國五十三年水利署炸開獅子頭隘口（☞路線 21：山水台北城 _29），關渡三潮就只能成為歷史遺跡了。

▶ 04 周氏節孝坊

（☞路線 24：基隆河溯源之旅 _7）

▶05 北投畜魂碑

（☞路線 32：鐵馬畫出萬神殿 _3）

▶06 唭哩岸站打石產業

唭哩岸的打時產業是台北城建築時期前後興起的，因為當年建城石材多由福建運來，但台北城所需石材數量龐大，後來就以北投的唭哩岸石和內湖金面山的安山岩來築城。

日本統治台灣後拆除台北城，拆下的城牆石就近供應當時興建的各式公共建築如台大醫院、台北帝大（今台大）或做市區排水溝槽之用。所以現在在大台北各處都能看到唭哩岸石的蹤跡。七〇年代為了興建北投陽明醫學院，唭哩岸禁採岩石，北投的打石產業就開始沒落。一度達數百個石匠供應北區建築、防火材的打石產業，現在已經完全消失，只剩下唭哩岸站邊製作的打石產業解說區，還讓遊人見證產業過往的歷史。

▶07 石牌站漢番界碑

（☞路線 24：基隆河溯源之旅 _18）

▶08 芝山合約碑記

惠濟宮懷古園內保留了一面「芝山合約碑記」，記錄芝山巖地主因乾隆年間林爽文事件後，山上屍橫遍野無力處理，而

把土地贈與士林地方的舊事。碑記中罕見地記錄了禁止砍樹的條款。因為芝山巖在漳泉械鬥中的城寨價值，如果樹木豐茂，可保留山上水土，械鬥發生時可在山上長期據守，打持久戰。禁止砍樹的條款歷代皆嚴格執行，以致於山上老樹繁多，至今尚可發現全台北最老的三百年老樟樹，就長在雨農閱覽室旁。

▶09 神農宮芝蘭廟碑記

廟旁服務處有乾隆五十七年芝蘭廟碑記，碑文證實康熙四十八年（一七〇九年）漢人入墾士林，是大台北最早的石碑紀錄。

▶10 劍潭公園狛犬

（☞路線 31：滿清、日本到民國──大時代的故事 _4）

▶11 清機器局圍牆

（☞路線 31：滿清、日本到民國──大時代的故事 _9）

▶12 巖疆鎖鑰橫額

（☞路線 31：滿清、日本到民國──大時代的故事 _10）

▶13 台北府天后宮遺跡

（☞路線 31：滿清、日本到民國──大時代的故事 _15）

▶ 14 金山南路台北監獄 ────────

(☞路線 31：滿清、日本到民國──大時代的故事 _16)

▶ 15 南福宮北白川宮親王大妃和歌碑 ────

　　南昌公園在南昌路和平西路口，一個典型的社區小公園，完全看不出它跟一般公園有何不同。不過放到歷史考察才會發現，此園來頭大。一八九九年第四任台灣總督兒玉源太郎買下了這塊地，蓋起了他在台北城南郊的「別墅」，房子只有三十餘坪，其他空地都拿來種菜，所以這裡叫南菜園。

　　除了自己挖井供給過路客用水之外，他從自己老家運來兩棵藤樹種在院子裡，於是又給自己一個別號叫「藤園主人」，看起來他真的很看重這個園子，所以藤園這個別號此後都跟著他，直到他死後遺命把頭髮葬在台灣，刻在髮塚上的銘文都寫著「兒玉源太郎藤園髮塔」的字樣（☞路線 31：滿清、日本到民國──大時代的故事 _8）。

　　兒玉在這裡展示他不同於前幾任將軍總督的懷柔身段。他脫下軍裝，親自種菜，又邀請台灣仕紳階級到南菜園聚會吟詩，以示自己不是只會打仗的莽夫。他的菜園除了躬耕田野的公關形象，也順便幫蔬菜種植打了廣告。因為當時台灣人要吃蔬菜都是拔野菜，沒人專門種菜，這對駐防的日本軍人很不適應，大家都懷念家鄉蔬食，他也希望推廣蔬菜種植以便讓日軍能吃到蔬菜。南菜園在戰後一度是省主席謝東閔住宅，謝遷出後這裡就改建成公園，只剩下一塊石碑見證南菜園的存在。石

碑叫「北白川宮親王大妃和歌碑」，現在放在公園隔壁的南福宮媽祖廟，鑲嵌在外牆上，路過就看得到。

石碑上刻的是親王的王妃到台灣參加台灣神社（主祀能久親王）的落成安神典禮，並應邀到南菜園參觀，宴會中吟詩一首讚美主人，就是如今刻在碑上的詩句。詩是和歌五七五七七的節律，大意是：您（兒玉）為國家四處奔走，勳業比摩里遜山（玉山）還高，令我不自覺地思念而景仰。

詩意似乎不見高明，不過這塊石碑具體展現出兒玉的治術，一方面要結交皇族，二方面要展現親民又允文允武的形象，還要親自示範種菜，確實不是一個無腦莽夫，比他前任高明甚多。難怪會是在台任期最長的總督。

▶16 南門小白宮

（☞路線 31：滿清、日本到民國──大時代的故事 _17）

▶17 萬華青草公園石敢當

石敢當是漢朝流傳下來的民俗信仰，大部分傳說來源都跟泰山有關，所以又稱為泰山石敢當。石敢當以石頭為主體，設置於路口要衝，用以驅煞辟邪鎮鬼，萬華地區目前尚留有三座石敢當，其中一座就在青草公園仁濟院前。

路線 35

台北祕密檔案：
你不知道的台北

　　神祕的路線，傳奇的訪點，每個你知道的台北名勝都有不為人知的祕密，全國唯一在城市中挖掘歷史與人文寶藏的隱藏版台北單車路線。有人文、歷史，還有自然風光，即使是最芭樂的景點，你也會看到不一樣的面向。

◎ 起點：忠義站

◎ 終點：大龍峒保安宮

◎ 難度：第二級，小坡練腿級，新手練坡行
　　程，需要崇德街不落地實力

◎ 里程：50 km，總爬升 73 m

手機掃碼進入
GPS 路線地圖

◎ 路線爬升示意圖

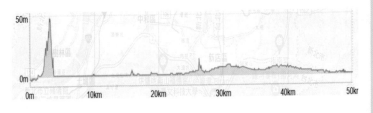

▶01 關渡平原稻浪

在首都還能擁有一望無際的黃金稻浪，這是歷史遺留的保留區，但也是見證奇景的地點。

座標：25.126017, 121.479908

▶02 關渡公園俯瞰點

台北最出乎意料的公園俯瞰點，六十公尺海拔可以看見氣魄非凡的山水台北城天際線。座標：25.119547, 121.463813

▶ 03 三重玄武宮五千年牛樟樹頭 ─────

（☞路線 25：台北盆地簡史 _2）

▶ 04 清機器局圍牆 ─────

（☞路線 31：滿清、日本到民國──大時代的故事 _9）

▶ 05 北門 ─────

（☞路線 23：看不見的起家河（下）_1）

▶ 06 省道公路原點 ─────

中山南北路和忠孝東西路的交叉點，有公路總局設置的「省道公路原點」路牌，監察院前也有地面標記。這個原點很多人都知道，但公路原點為什麼會設在這裡？

簡單搜索可以查到，當年台灣省還存在的時候，五條重要省道（台一、台一甲、台三、台五、台九）的〇公里里程原點就在這個十字路口。但這只是表面事實，事實後面還是得問，那省道又為什麼要從這裡開始算里程呢？為什麼出發點位置都在這裡呢？

也許你會猜，因為公路總局的最高層長官（行政院）就在那個路口辦公嘛，以長官的辦公室位置做原點不是很冠冕堂皇嗎？但原因可能不只是這樣，因為在更早之前，那個路口就已

經是台北市街道系統的座標中心了。

一九四五年，戰後的行政長官公署頒佈《台灣省各縣市街道名稱改正辦法》，要求各縣市廢日式路名，重新以具有民族精神的名稱為街路命名。台北市的這個任務落在民政署技正鄭定邦頭上。他的困難是數以百計的街路要如何在最短時間內給它新的名稱。

還好他是從上海來的公務員，他想起上海租界的街道，是以中國各省市來命名的。於是他拿起一張中國地圖，以長官公署所在的路口為座標中心，套疊中國地圖與市街圖，省市方位直接對應街路位置，他就這樣開始為台北市的街道重新命名。在鄭定邦那個年代，長官公署所在的路口還真的算得上是當時台北市區發展的中心位置。所以在台北的街路分布上，遼寧街、錦州街在第一象限，寧夏路、迪化街在第二象限，成都路、貴陽街在第三象限……這個十字路口座標系成為台北市橫向馬路區分東西，縱向馬路區分南北的分界座標。一段、二段的順序，一號、二號的門牌，都是從這裡開始往四方遞增。

所以這個路口在市區道路系統裡、在鄭定邦把中國地圖套疊上市區圖的那一刻，就已經成為台北市區道路系統的座標原點了。日後公路總局以這個路口開始計算省道里程也就沒有別的選擇（要選別的地方做原點反而會有政治不正確的壓力）。

▶ 07 南門小白宮 ──────────

（☞ 路線 31：滿清、日本到民國 ── 大時代的故事 _15）

▶ 08 台北植物園

　　台北植物園與日本入台同齡，但活得比日本統治更久，一八九五年總督府殖產局就在城南開了一塊地做苗圃，專門引進兩種植物，一種是高經濟植物，例如樟樹，另一種則是讓台灣看起來具有南洋熱帶風情的棕櫚科椰子類植物。

　　樟樹是台灣原生物種，樹材提煉的樟腦一直是日本在台灣殖民前期最重要的歲收來源。台北苗圃的任務就是大量繁殖樹苗，以便在即使大量砍伐熬煉樟腦之餘，仍有新生樟樹可以接續供應。

　　日本自馬關條約取得台灣以後，對這個位於日本國境最南端的新殖民地充滿了南國風情的熱帶想像，偏偏台灣卻極少棕櫚科那種最容易引發熱帶想像的植物。殖產局的一部份任務就

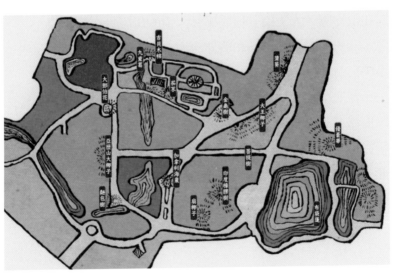

植物園內擁有「母樹」地位的植株位置。（圖片來源：林業試驗所）

是要在最短時間，把台北打造成一個看起來就像熱帶南洋感覺的地方。遍植棕櫚植物最容易達成這種效果。因此台北苗圃可說是不遺餘力四處引入棕櫚樹苗。

直到一九二一年改稱台北植物園之前，台北苗圃一直都是一個生產與展示單位，而不是教育或休閒公園。

現在植物園內有許多引進樹種，因為太受日本人歡迎，擴散成效良好，而變成全台普及的原始母樹。例如從博愛路進來右岔路的那一排大王椰子和蒲葵。大王椰子引進於一九〇三年，原產地夏威夷，這一排椰子樹不只樹齡是全台最老，連規畫成「椰林大道」的種植模式，由於椰林大道不只有南國意象，還有巍峨聳立的帝國氣勢，足以做為殖民政府烙印在全台各地的征服記號，因此也變成各地日本人要蓋官廳、學校、公園的時候，最喜歡效法的對象（如台大）。所以大王椰子的母樹在植物園，大王椰子種成椰林大道的母版也在植物園。

蒲葵來自小笠原島和琉球，現在全台各地的蒲葵，母樹也是來自台北植物園。

台北植物園內擁有「母樹」地位的樹種，還有以下多種：印度橡膠樹（一九〇一年從日本引進）、菩提樹（一九一一年從新加坡引進）、布袋蓮（一九〇一年從東京新宿御院引進）。可以說台北植物園是改變台灣全島植物景觀最厲害的推手。

▶09 台大客家伯公亭

　　大安區是台北市客家人最多的地區，台大公館周邊原本是清朝就存在的客家墾區，現在台大校園裡還有一間土地廟（台大伯公亭），見證早期客家人在台北的開發史。

　　伯公亭原來是此地舊名「竹仔林」的土地廟，建於滿清時期，日本時代畫歸台北帝國大學（台大前身），二○○○年台大要開發此地興建活動中心和尊賢館，引發當地民眾抗爭。最後雙方妥協，廟方同意南移讓出建地，台大在原址南側另建新廟，就是現在位於尊賢館東南側的台大伯公亭。現在廟址是台大校地，但廟務仍然由原有的土地廟管委會負責管理。

　　伯公亭雖然是土地廟，但因為蓋在台大校區範圍，土地公的保佑神能也從過去的鄉里護佑，擴充到考生服務。由於靈驗傳聞極多，每逢考季便會吸引許多考生與考生家屬前來參拜，香火鼎盛。

▶10 敦南林蔭道

　　全台北最陰涼的林蔭道就藏在敦化南路上，兩列分隔快慢車道的分隔島上，種滿的台灣欒樹和樟樹，全長兩公里樹蔭蔽天，夏天騎上去，暑氣全消。（那裡應該是以人行為主，單車騎上去請以行人優先，勿按車鈴，雖然上班時間那裡幾乎看不到人。）

▶11 柏林圍牆石

一九八九年柏林圍牆倒塌的時候，德國政府把拆毀的圍牆作為極權的見證，分送到世界各國，在美國，在日本，在智利，在丹麥……台灣呢？台灣也有一塊，放在一個沒有人知道的地方。

台北市信義路三段一四七巷十七弄，民主基金會後院的圍牆裡，地點非常隱蔽，不認真找還找不到。我覺得基金會應該把這塊深富教育意義的圍牆殘塊放在更開放的空間才對。

▶12 台北火聖廟

台北為什麼會有一座火聖廟？應該有很多人會覺得奇怪，其實在日本時代三張犁一帶就有許多祀奉火神的小型廟宇，因為這裡有許多煤礦坑，礦工入坑前習慣至火神廟參拜祈禱礦坑安全。至今吳興街底還有德興煤礦、和興炭坑等煤礦遺址，隨著礦場停採，小型廟也都一一消失。

當年挖出的炭土送至延吉街一帶的精煉廠煉成煤炭，陳氏家族的精煉廠後來煉出一塊具有人形的焦石，鄉里稱奇，奉為火德星君，一九四三年改建火神廟迄今。

現在火神廟是台北消防員的每年固定的參拜保護神，連市長都會親臨上香祭拜祈祐平安。廟埕前石板上可以看見北市消防局浴火鳳凰局徽。

▶ 13 一〇一最佳攝影點

座標：25.033579, 121.571761

▶ 14 台北府城隍廟

　　城是城牆，隍是城邊的深溝，說文解字說「有水曰池，無水曰隍。」城隍合稱指的是保護城池的安全工事。城隍信仰約誕生在戰國，禮記上已有天子「八蜡」，其中「水庸」之祭，解釋為「水者隍也，庸者城也」，這就是祭祀城隍的起源。此後城隍信仰逐漸普及地方，並開始有功臣名將被人民紀念尊封為城隍。

唐以後城隍信仰大盛，管轄範圍也不限軍事安全，舉凡雨旱災變，祈福避禍，都在祈祀之列。明太祖時還區分城隍為京師、府、州、縣四級爵位，又下令官員上任時要向城隍宣誓就職。清朝依循明制，城隍列在祀典，台北建府時就在城中蓋了官祀的府城隍廟。但日軍入城後拆除清朝官式建築，府天后宮、府城隍廟等悉遭拆除，天后宮金面媽祖金身由三芝鄉民奉迎安座於小基隆福成宮，府城隍金身則由信徒遷奉松山，舊名昭明廟，二〇〇二年恢復古名「台北府城隍廟」。

　　城隍在民間信仰中通常視為縣以上的地方神，但由於兼管遊蕩人間的孤魂，所以也產生「燮理陰陽」的職能。

▶ 15 台北機廠

　　廠內一具一八八九年英製的蒸氣動力錘，從北門機器局時代開動，到日本接收時仍在使用，日本人把鐵道工場搬到松山時也一併遷去，戰後鐵道工場改名台北機廠，台鐵也繼續用，一直運作至二〇一二年北機關廠。這一座蒸氣動力錘從劉銘傳的十九世紀，足足運作了一百二十三年直至二十一世紀才終於退休。

台北機廠之寶蒸汽重力錘。（Photo by 家小欣）

▶ 17 新生公園攝影點

　　新生公園這裡可以拍攝與民航機同框鏡頭（如遇疫情管制，航班可能會非常稀少）。新生公園是少數在公園內畫有單車道標記的公園，可在公園內騎車。

座標：25.070280, 121.531976

▶ 18 大龍峒保安宮

　　保安宮是台灣宮廟中非常獨特的存在。每年農曆三月十五日保生大帝聖誕，會有一整個月的保生文化祭為大帝慶生。文

化祭節目多元，有各種傳統文武劇團，和如圖金華國中的現代弦樂演出。大部分人都知道保安宮在古蹟整修上的成就，但很少人意識到他們在文化保育上的努力。

　　保生大帝聖誕繞境遊行，由力士會扛轎出巡，神轎前有巨型神獸，造型各異，是保安宮迎神遶境的一大特色。保生文化祭也保留許多古老祭儀，如放火獅、酬神家姓戲、儒家三獻禮，以及大台北區碩果僅存且保留同安原鄉特色的過火儀式。

　　保安宮是全台唯一獲得聯合國教科文組織文化資產保存獎的寺廟。保生文化祭則獲選為受保護的台北無形文化資產的重

一個宮廟影響的不只是自己的香火，也包括自己轄境內底層文化的涵養。譬如說，從小看著現代管弦樂團演出的廟會，和看著鋼管女郎招搖過街的場景，哪一種會讓人產生更多文化的美感呢？（我不是說鋼管女郎不美，事實上她們都很美，只不過這兩種刺激的是不同的興奮中樞。）

要民俗。

　　奠定保安宮今日規模的一九一七年大整修，除了擴大保安宮格局，更採用「對場作」方式，邀來兩大名家隔中軸線較勁，龍邊由大木匠師陳應彬主理，虎邊由同安鄉親郭塔負責。當年對場作完工後由廟方邀請地方仕紳及藝術家共同評審，結果由陳應彬獲勝，名利雙收。敗陣的郭塔頗不甘願，在自己負責的作品中留下了許多暗諷對手、自我標榜的線索，成為今日走訪保安宮的聚焦主題，吸引關注反而比當年的贏家更多。三川殿龍雕上的「真手藝無更改　銀同郭塔敬獻」，拜殿員光上的「好工手不補接」等留字，還有正殿水車堵上，借三國故事澆自己胸中塊壘的「假獅破真獅」木雕都是。

　　「假獅破真獅」典故說的是孔明七擒孟獲，其中第六戰孟獲派出猛獸大軍，卻被孔明叫軍中工匠製作五彩假獅，內藏煙火，臨陣點燃，噴煙吐火，嚇跑了真獅子。傳統廟宇採用對場競爭，經常會看見輩分較低或名氣較弱的一方，刻出這一段典故，寄託自己雖無大師名氣，功夫也可以蓋過名師的自負心情。另外在正殿水車堵上八仙大鬧東海的海字邊，持旗將軍的軍旗上郭塔還留下了自己的作品署名：**「國興街木厝郭塔作」**

大雨後積水的廟埕，可以拍攝大殿倒影。

從保安宮後棟四樓凌霄寶殿，可眺望美麗多層次的保安宮多重屋脊。

第 4 章

江山如畫

大台北單車節
推薦路線

　　有一種城市行銷是辦運動比賽，馬拉松、公路車、鐵人賽……廣邀世界同好一起聚會同場競技，讓大家感受在本地奔馳的暢快、精彩與感動。台北已經有城市馬拉松，但更值得辦的應該是城市單車節，不過由雙北合辦可能路線會更精彩，對外宣傳的效果更好。

　　一個好的城市單車節，要設計出獨特的路線，讓車友看見非凡的景象，獲得獨特的騎車體驗，認識從來不知道的城市內涵，最後帶著滿滿的記憶回家。以香港單車節為例，他們把單車節路線畫到汽車專用道上，當天封路，單車專屬，騎上跨海大橋，啟程還有破曉薄霧中的碼頭起重機，整個構成了香港獨特的海港魅力。雖然香港單車節是國際自行車聯盟認可的國際賽事，不過因為配合旅遊局的優惠，我看許多業餘車友都怦然心動，藉機去香港玩耍一番。

　　台北有河濱車道，有各具風格的郊山鄉道，雖然沒有跨海大橋（也許可以期待淡江大橋），但可以安排的路線比香港更複雜多元，整個大台北都可以包含。理論上旅遊潛力比香港大得多。雙北不辦單車節真的太可惜。台灣也有觀光局辦的台灣單車節，不過不知道為什麼始終不太轟動，不像香港單車節，

一次可以號召全球五千車友參加。

　　我覺得精彩的路線才是邀請外地車友的保證。以下是我的大台北單車節路線提議（路線包含幾條汽車快速道路，平常單車不可通行）：

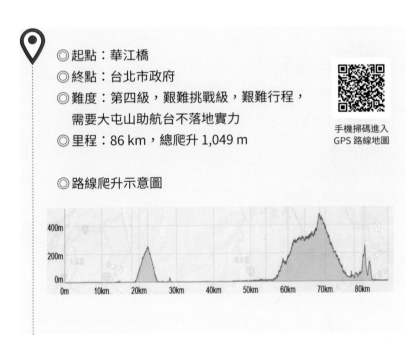

◎ 起點：華江橋
◎ 終點：台北市政府
◎ 難度：第四級，艱難挑戰級，艱難行程，
　 需要大屯山助航台不落地實力
◎ 里程：86 km，總爬升 1,049 m

手機掃碼進入
GPS 路線地圖

◎ 路線爬升示意圖

起點：華江橋
• 重翠橋（迴旋引道考驗）
• 新北大橋（風光）
• 忠孝碼頭（城市天際線）
• 蘆洲堤頂大道（飆速路段）
• 凌雲路（爬坡）
• 華富山路（俯瞰台北港）

- 北五〇鄉道
- 北五二鄉道（俯瞰淡水）
- 北五四鄉道（俯瞰山水台北）
- 關渡橋
- 大度路（飆速路段）
- 洲美快速道路（風光）
- 環河快速道路
- 水源快速道路（風光）
- 一壽橋
- 貓空（風光）
- 指南宮
- 木柵動物園
- 深坑（老街美食）
- 信義快速道路（隧道）
- 信義路（一〇一與單車專用道）
- 敦化南路（林蔭大道）
- 仁愛路（林蔭大道）

終點：市政府

給中南部車友的大台北推薦路線

　　車友到台北，只有幾天時間就想領略大台北最美的風景，見識在地的人文、風土，並且也不想錯過經典的台北觀光勝地，那該怎麼辦呢？以下規畫三條路線，走訪北北基最美麗、最獨特、最有趣的地點，讓你收穫滿滿的回憶。如果時間充足，三條路線可以騎三天，每一條路線都有獨特風格，完全不重複。

▶ 01 路線一：底片殺手路線

　　用一條路線串聯北台灣最美麗、壯觀的景點，全程都是底片殺手。登山跨海，一日收穫北北基全線精華。全長九十公里，總爬升一、三七五公尺。特別為實力堅強的車友規畫的精華路線。

◎起點：華江橋自行車租借站
◎終點：淡水海關碼頭 （☞ 23_33）
◎難度：第四級，艱難挑戰級，艱難行程，
　　需要大屯山助航台不落地實力。
◎里程：96.7 km，總爬升 1,294 m

手機掃碼進入
GPS 路線地圖

◎ 路線爬升示意圖

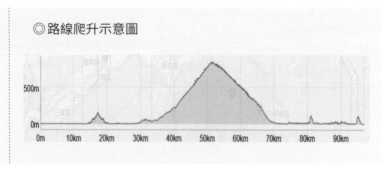

起點：華江橋自行車租借站：日出前集合

- 淡水河左岸：欣賞台北天際線
- 蘆洲堤頂大道：河濱最佳飆車路線
- 天乙路集賢里墓區（☞路線 21：山水台北城 _7）：大台北公路車最佳俯瞰點 Top3
- 五股獅子頭隘口（☞路線 21：山水台北城 _8）：淡水河最寬闊水域

重翠橋日出（攝影：Vicky Lai）

- 關渡大橋：橫渡淡水河
- 三芝田心子：天光雲影共徘徊的美景
- 巴拉卡公路：台北著名公路車林蔭長坡路線
- 于右任墓園：俯瞰北海岸丘陵區最佳視角
- 大屯山助航台：北台灣公路車最高點
- 陽金公路：十五公里持續下滑的激爽體驗
- 金山：濕地加老街美食
- 外木山海岸：超美海景
- 基隆獅球嶺砲台遺址：基隆公路車最佳俯瞰點

- 基隆夜市小吃：完美結尾
- 廟口美食推薦：10 號吳記螃蟹羹 ‧ 油飯、9 號攤 - 碳烤三明治（越戰美軍補給港時代的遺留）、19 號的肉燥飯、22 號的豬腳滷肉飯、29 號魯肉飯專家、31 號天一香肉羹順。

終點：基隆火車站→松山車站

▶ 02 路線二：老街雙北

　　集合雙北特色老街，體驗雙北河濱獨步全球的單車友善專用道路，拜訪風格獨具的名寺古剎，有吃有玩，更能深入雙北常民生活。

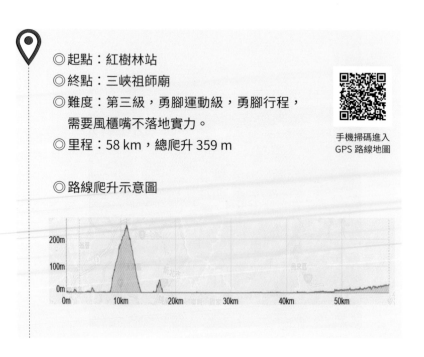

◎ 起點：紅樹林站

◎ 終點：三峽祖師廟

◎ 難度：第三級，勇腳運動級，勇腳行程，
　需要風櫃嘴不落地實力。

◎ 里程：58 km，總爬升 359 m

手機掃碼進入
GPS 路線地圖

◎ 路線爬升示意圖

起點：紅樹林站

- 淡水老街：台北最熱鬧的老街
- 海關碼頭（☞路線 23：看不見的起家河（下）_33）：壯觀河景
- 渡輪至八里老街：渡輪過河
- 北五四鄉道：大台北公路車最佳俯瞰點 Top2
- 關渡大橋：橫渡淡水河
- 關渡宮靈山公園（☞路線 21：山水台北城 _9）：關渡隘口景觀
- 關渡宮（補水點）：北台灣最早的媽祖廟
- 關渡防潮堤：台北河濱最佳飆車路線
- 慈聖宮（美食點）：民俗日常美食
- 大稻埕：全國最有活力的老街加永樂市場美食
- 龍山寺（☞路線 21：山水台北城 _16）：北台灣香火最盛的古老寺廟
- 新莊老街廣福宮（☞路線 21：山水台北城 _21）：新莊最具古蹟價值的廟宇
- 挑水巷、米市巷：老街最傳奇的特色
- 新月橋：單車與行人專用過河橋
- 三峽老街：從清朝傳承下來的老街

終點：三峽祖師廟：台灣石雕藝術的殿堂

▶ 03 路線三：傳奇台北

　　這是一條穿越市區、跨越台北盆地的中級路線，蒐集多個市區隱藏版訪點，體驗大台北獨特的都會風格、歷史文物還有民俗小吃。

◎ 起點：圓山站
◎ 終點：貓空
◎ 難度：第三級，勇腳運動級，勇腳行程，
　　需要風櫃嘴不落地實力。
◎ 里程：36 km，總爬升 547 m

手機掃碼進入
GPS 路線地圖

◎ 路線爬升示意圖

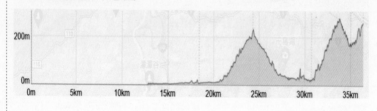

起點：圓山站

- 保安宮（☞路線 35：台北祕密檔案——你不知道的台北 _18）：榮獲聯合國文物保存獎的知名廟宇
- 新生公園攝影點（☞路線 35：台北祕密檔案——你不知道的台北 _17）：可以拍攝與民航機同框鏡頭
- 大佳河濱單車道：暢快騎車的單車專用道
- 一○一最佳攝影點（☞路線 35：台北祕密檔案——你不知道的台北 _14）：25.033579, 121.571761
- 中研院歷史文物陳列館（☞路線 21：山水台北城 _28）：全世界收藏甲骨文最豐富的地方
- 南深路：翻越台北盆地的小坡
- 深坑老街（☞路線 22：看不見的起家河（上 _7）（☞路線 22：看不見的起家河（上 _8）（☞路線 22：看不見的起家河（上 _9）：以豆腐料理知名的老街
- 木柵動物園：依照動物原生棲地環境打造的動物園
- 指南宮：南區香火鼎盛的鸞堂信仰廟宇
- 貓空：享受著名的風味茶餐
- 終點：明德宮望遠亭夜景（☞路線 44：大台北公路車最佳俯瞰點 Top7）

給外國訪客的大台北文化之旅

　　台灣對外的觀光宣傳，千篇一律說的都是台灣有美食，有人情味，有活生生的宮廟信仰，有山有海；美麗、溫暖、有人情。可惜這些東西都不是台灣在亞洲獨有的，甚至也不是台灣領先的。

　　台灣在亞洲的品牌形象，文化深度蓋不過中國日本，現代娛樂比不上港澳星洲，古蹟海灘夠不上吳哥泰國，除了故宮以外，台灣在亞洲有什麼獨一無二的價值，能夠挑起外國人專程前來旅行的慾望嗎？

　　你會想去某個國家旅行，一定要先對那個國家有想像。日本看櫻花，柬埔寨看廢墟，泰國玩海灘，緬甸看佛塔，寮國呢？你對寮國沒想像，所以你的出國地圖從來沒出現過寮國。沒有足夠深的想像，就不會打動旅客渴望一訪的心。台灣呢？台灣能給外國人什麼特別的想像嗎？

　　其實還真的有──台灣有一個獨特的魅力，深藏在我們自己的文化之中，我們創造了這個東亞獨一的文化，每天就生活在其中。只不過這個魅力被我們自己貶低，既不敢宣揚，也不敢拿來做台灣的觀光定位。

　　那個魅力就是，我們既保有華夏傳統的文化與世俗，又實現了一個自由民主的文明社會，能夠跟世界民主國家共享民主

自由的價值觀。我們是一個能在現代世界中彰顯古老東方傳統的國家。有人說古蹟誰比得上中國；不是這樣的，你可以去對岸看古蹟，但你看不到古老的文化活生生地在當地運行——那裡的廟很老，但裡面沒有神，或這說沒有宗教性的日常生活。

去燥濕、上火氣、過春節、祭祖先、瘋媽祖、住家避路沖，食補藥材占滿超市，中醫理論深入骨髓，漢字諧音吉祥話充滿我們的生活（「棗」生貴子，五「蝠」臨門，「招財進寶」），人在做天在看……，文化是一旦你生在其中，就不可能切割的氛圍。

一個能夠融合傳統與現代，在民主社會中保留舊日文化生活，這個形象才是台灣勝過對岸，勝過其他東亞國家的軟實力

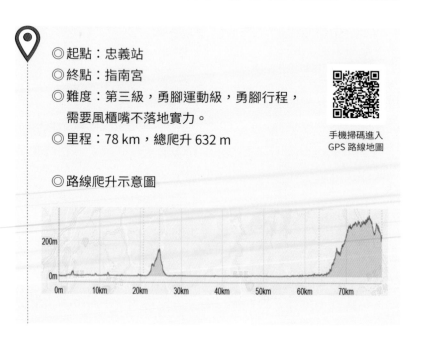

◎ 起點：忠義站
◎ 終點：指南宮
◎ 難度：第三級，勇腳運動級，勇腳行程，
　 需要風櫃嘴不落地實力。
◎ 里程：78 km，總爬升 632 m

手機掃碼進入
GPS 路線地圖

◎ 路線爬升示意圖

所在；也才會啟動異國訪客一探究竟的心。

我們就生活在華夏文化所形塑的世界，但我們能用一條單車路線加以表達嗎？這條路線希望能夠讓外國單車訪客在現代都市的文明裡，見識台灣依然活生生存在的文化傳統。

▌讓外國朋友看見旅遊書上沒有的 16 個樣貌▌

▶01 [農業] 關渡平原稻浪 ────

在首都還能擁有一望無際的黃金稻浪，這是歷史遺留的保留區，但也是見證奇景的地點。

▶02 [大河航運] 淡水海關碼頭 ────

翻轉台北政經地位的起點。（☞路線 23：看不見的起家河（下）_33）可以在淡水碼頭連人帶車搭渡輪到對岸走下一站。

▶03 [渡輪] 淡水渡輪至八里 ────

▶04 [山水台北城] 獅子頭隘口觀景台 ────

觀景台在獅子頭釣魚台西南側的河灘小坡上，視野開闊，可遠眺市區，淡水河與一〇一高樓相映，是八里左岸單車道中最美的路段（☞路線 21：山水台北城 _7）

▶ 05 [風水] 天乙路集賢里墓區俯瞰台北城 ────

集賢里墓區是觀音山墓葬群中一個非常典型的墓葬區，背靠大山，來水蜿蜒，風水、視野俱佳，能在這裡安葬的都需要有相當財力，光是看墓區經營者設計的文案就可知道。（☞路線 21：山水台北城 _7）

觀音山墓園經營者寫的文案：「立足台灣，放眼天下，全球發展」。完全是台灣五百大企業的口吻。

▶ 06 [單車道] 蘆洲防潮堤頂單車道飆車 ────

整個淡水河濱左右岸單車道中，路幅最寬，視野最開闊的單車道，你可以在這裡盡情奔馳，享受追風的樂趣。（☞路線 21：山水台北城 _6）

▶07 [文化藝術] 保安宮對場作

保安宮是全台唯一獲得聯合國教科文組織文化資產保存獎的寺廟。保生文化祭則獲選為台北無形文化資產的重要民俗。保安宮近年修復的寺廟藝術更是台灣廟宇中罕見的藝術珍寶。（☞路線35：台北祕密檔案──你不知道的台北_18）

▶08 [宗教] 行天宮求籤

如果你的人生面臨某種關卡不知如何抉擇，或者你想知道未來一年的流年運勢，就可以到行天宮來試試恩主公的靈驗籤詩。求籤方式可請宮中效勞生指點，原則上都以搏筊方式請問恩主公的意見，抽籤獲得聖杯同意的籤號後，可至廂房事務所請解籤執事人員為你解籤。

▶09 [文化] 台北文昌宮考試文化

始建於日本時代的文昌宮主祀文昌帝君，是北區學子祈禱考試順利，升學、功名圓滿的熱門信仰中心。由於廟址就在市場街中心，此地信徒來參拜都會直接在市場買蔥、芹菜、菜頭做供品，象徵聰明、勤勞、好彩頭。近年英日觀光客也會來此參拜，兩側龍柱上掛滿日式風格的繪馬，可見信徒對考場順利的追求。

▶ 10 [市場] 双連市集

「双連」市集就在捷運雙連站出口邊，是一個自然形成的民生市集（「双」字是自治會自選的用字），不屬於市府規畫的市場體系，因此更原生，也更貼近市井消費需求。由於是以既有馬路為街市，所以衛生通風排水良好，周邊又是捷運綠帶，逛起來相當愉快。

▶ 11 [文化] 霞海城隍廟的月老文化

霞海城隍原是泉州同安人的守護神，咸豐年間因為頂下郊拼同安人從艋舺敗走大稻埕，一併隨著同安人來到此地安座。城隍廟原本以城隍爺為主神，但七〇年代開始供奉的月下老人，由於促成男女姻緣靈驗傳說甚廣，以致於本廟的月老聲名遠播國外，連日韓觀光客都會前來參拜。

▶ 12 [產業] 大稻埕的食補藥膳產業

迪化街的任何一家中藥材行，都會為你提供各種食療藥膳的建議，你只要報出身體上的病痛或不舒適狀況，都會獲得親切回覆，告訴你應該用哪種藥材，怎樣燉煮或沖泡，加入日常飲食中，改善身體的不良狀況。你可以買一點試試，也可以不買，不會有人強迫你購物消費。

▶13 [清朝] 北門看台北城的風水傳奇 ───────

　　台北城是清朝最後一座依照風水原理打造的古城。（☞路線 21：山水台北城 _1）

▶14 [市井飲食] 艋舺惠安四神湯食補文化 ──────

　　四神指的是山藥、茯苓、芡實、蓮子等四味中藥材，與豬肚或小腸同煮，具有健胃、補腎、利濕的作用。四神湯溫和滋補，一般人皆可食用。台灣店家或基於成本考量，常常會用薏仁取代芡實，增加飽足感。台北四神湯名店可以用「台北四神湯蒐羅」關鍵字尋找口碑好的店家。

▶15 [宗教] 龍山寺晚課 ────────────

每天下午四點走進龍山寺的山門，你會被四周響起莊嚴的梵唱所震懾。山門外繁華鬧市，山門內寧靜安詳，煩躁的心都會清涼起來。這是龍山寺自開山祖師就維持下來的傳統。

▶16 [庶民] 貓空喝茶看夜景

貓空是台北古老的茶產區，以包種茶、鐵觀音最負盛名。約三百公尺的郊山上，一面喝茶聊天，一面俯瞰市區夜景，是台北人休閒生活的閒適趣味。可以用「貓空喝茶看夜景」搜尋較受歡迎的貓空餐廳。

▶17 [文化] 夜宿指南宮

台灣的重要宮廟大部分都會有香客大樓，供外地信徒來參拜時住宿，指南宮則除了香客大樓的通舖之外，還備有「祈夢房」，讓住客向純陽寶殿的呂祖呂洞賓祈求夢中指點迷津（注意假日前一晚可能會客滿）。

大台北公路車
最佳俯瞰點

台北環城都是山，以前我覺得這些單車可達的山都沒什麼精彩的，視野展望都不怎樣，但這兩年地毯式搜索大台北郊山，確實發現了許多過去不知道、視野又開闊的市區俯瞰點，最要緊的是單車皆可達（有些需要爬一小段階梯），我覺得騎車上去真的非常享受，是日常練車的好目標。

以下列出我覺得視野最美的如下，每個俯瞰點都附上經緯座標，把數字丟到古哥地圖即可查出精確地點（排名依照個人主觀美感，XD）。

▶ 01 尖山（占山）觀景台

尖山是觀音山群峰之一，海拔三八二公尺，雖然最後三百公尺需要扛車，我仍然把他放進公路車最佳俯瞰點，理由是尖山觀景台的視野太開闊、太精彩、太美了；就算千辛萬苦上來，也應該一生給他來一趟。

單車路線從五股孝義路上去，經過觀音社區涼亭後上左側陡坡，此後九百公尺爬升一六七公尺，平均坡度十八・五％，中間穿插二〇％的坡度，是魔王級超陡坡。這段路我只能一半

騎，一半推車，真的非常陡。騎到無極東明宮後，左前方是通往尖山平台的登山步道，長度約二五〇公尺，爬升約六〇公尺，扛車時間約十五分鐘，不算特別可怕。

　　整段路最難的應該是那段十八‧五％的九百公尺，後面二五〇公尺扛車段反而不是最難的。

◎難度：第四級，艱難挑戰級，艱難行程，需要大屯山
　　助航台不落地實力
◎扛車段：約 250 m，爬升約 60 m
◎俯瞰點座標：25.127618, 121.436131

▶02 北五四鄉道俯瞰點

　　北五四鄉道是一條全程俯瞰台北市區，視線連結關渡大橋、關渡碼頭、關渡宮、淡水河、社子島、重陽橋與台北一〇一的絕佳俯瞰點。從這個角度看，台北就像是個河港城市，清楚看見水路延伸進入市區。真正理解清朝古地圖所畫的「山水台北城」的真實風貌。

◎難度：第三級，勇腳運動級，勇腳行程，需要風櫃嘴
　　不落地實力
◎俯瞰點座標：25.133718, 121.443427

北五四俯瞰台北。

▶ 03 天乙路集賢里墓區（☞ 21_28）

　　這裡有好幾個視野良好的俯瞰點，雖然最後段山路坡度有點陡，但你不會後悔爬上來，坐在大草坪上，既可以觀景，也可以把單車靠在樹下同框合影。

　　◎難度：第三級，勇腳運動級，勇腳行程，需要風櫃嘴
　　　不落地實力
　　◎俯瞰點座標：25.110259, 121.440056

天乙路墓區。

▶04 內湖碧山巖

◎難度：第三級，勇腳運動級，勇腳行程，需要風櫃嘴
　不落地實力

◎俯瞰點座標：25.096964, 121.587517

內湖碧山巖。

▶ 05 復興三路吳氏宗祠

◎難度：第三級，勇腳運動級，勇腳行程，需要風櫃嘴不落地實力

◎俯瞰點座標：25.155860, 121.502784

▶ 06 中和烘爐地

◎難度：第三級，勇腳運動級，勇腳行程，需要風櫃嘴不落地實力

◎俯瞰點座標：24.971973, 121.497942

▶ 07 貓空明德宮前望遠亭

◎難度：第三級，勇腳運動級，勇腳行程，需要風櫃嘴不落地實力

◎俯瞰點座標：24.970371, 121.577904

▶ 08 劍南路俯瞰點

大直旁的俯瞰點，離市區很近。

◎難度：第二級，小坡練腿級，新手練坡行程，需要崇德街不落地實力

◎俯瞰點座標：25.089121, 121.550622

▶ 09 陽明山第一公墓

◎難度：第三級，勇腳運動級，勇腳行程，需要風櫃嘴
　不落地實力

◎俯瞰點座標：25.134010, 121.521620

▶ 10 中和圓通禪寺

◎難度：第三級，勇腳運動級，勇腳行程，需要風櫃嘴
　不落地實力

◎俯瞰點座標：24.982665, 121.492842

▶ 11 大同山氣象雷達站（小白球）

◎難度：第三級，勇腳運動級，勇腳行程，需要風櫃嘴
　不落地實力

◎俯瞰點座標：25.003951, 121.400697

▶ 12 文化大學後山

◎難度：第三級，勇腳運動級，勇腳行程，需要風櫃嘴
　不落地實力

◎俯瞰點座標：25.134021, 121.539361

▶13 大棟山四○五三角點

◎難度：第三級，勇腳運動級，勇腳行程，需要風櫃嘴
　不落地實力
◎俯瞰點座標：24.995772, 121.384312

▶14 西雲寺後山墓區

御史路九二巷。

◎難度：第三級，勇腳運動級，勇腳行程，需要風櫃嘴
　不落地實力
◎俯瞰點座標：25.098719, 121.445100

西雲寺後山墓區。

▶15 五股天乙寺

◎難度：第二級，小坡練腿級，新手練坡行程，需要崇
　德街不落地實力
◎俯瞰點座標：25.114463, 121.442437

五股天乙寺。

▶16 福州山觀景台

◎難度：第二級，小坡練腿級，新手練坡行程，需要崇
　德街不落地實力
◎俯瞰點座標：25.017145, 121.554817

福州山觀景台

▶17 虎山觀景台

　　虎山一○一。車子是沒法直接騎到,得從路口扛車一百六十公尺才到得了虎山平台。

　◎難度:第三級,勇腳運動級,勇腳行程,需要風櫃嘴
　　不落地實力

　◎俯瞰點座標:25.031384, 121.583590

虎山觀景台

▶ 18 關渡公園

　　台北最出乎意料的公園俯瞰點，六十公尺海拔可以看見氣魄非凡的山水台北城天際線。

◎難度：第二級，小坡練腿級，新手練坡行程，需要崇
　　德街不落地實力

◎俯瞰點座標：25.119547, 121.463813

關渡公園

▶19 大屯山助航站觀景台

◎難度：第四級，艱難挑戰級，艱難行程，需要大屯山
　助航台不落地實力

◎俯瞰點座標：25.174718, 121.522670

▶20 五股水碓公園第七層

　　這裡是台北盆地山腳斷層形成的斷崖，坡度極陡，視野極開闊。單車可以直達第六層，但第七層景觀更好。

◎難度：第三級，勇腳運動級，勇腳行程，需要風櫃嘴
　不落地實力
◎俯瞰點座標：25.073885, 121.428402

▶21 北投照明淨寺

◎難度：第三級，勇腳運動級，勇腳行程，需要風櫃嘴
　不落地實力
◎俯瞰點座標：25.131689, 121.513805

▶22 北投嘎嘮別公園

◎難度：第三級，勇腳運動級，勇腳行程，需要風櫃嘴
　不落地實力
◎俯瞰點座標：25.141502, 121.483993

▶23 台北藝術大學

　　這裡是大屯山餘脈，學校依山而建，從正門到後門高點總爬升約一百公尺，車少坡平，非常適合新手練坡。北藝大海拔雖不高，但因為緊鄰關渡平原，視野一望無際，所以是台北北

邊難得的市區俯瞰點。藝大人文廣場，新建的科技藝術館和後
方的籃球場都有開闊的視野。

◎難度：第二級，小坡練腿級，新手練坡行程，需要崇
　德街不落地實力
◎俯瞰點座標：25.133780, 121.470561；25.137565,
　121.474085

▶24 瓊仔湖福德宮（☞ 25_21）

◎難度：第二級，小坡練腿級，新手練坡行程，需要崇
　德街不落地實力
◎俯瞰點座標：25.051252, 121.423113

瓊仔湖福德宮。

▶ 25 永春崗公園

台北最容易看到整棟一○一的高地。

◎難度：第二級，小坡練腿級，新手練坡行程，需要崇
德街不落地實力
◎俯瞰點座標：25.031628, 121.577018

永春岡公園

等待黎明與觀看日落

　　淡水和大稻埕是雙北最著名的夕陽觀賞點，但你並不真的一定要到這兩個地方才能看到美麗的晨昏美景。

▌晨昏美景的時間

　　看日出不只是看那顆太陽躍出地平線，看日落也不只是看太陽墜入山。在早上太陽升起之前以及下午太陽落下之後十五分鐘，大氣雲彩會有一個短暫時刻，接受到地平線下太陽光的照射，陽光照在雲層底部，反射進入地面的觀賞者眼中，如果大氣條件配合，你就會看見滿天紅豔的火燒雲。

▌火燒雲原理

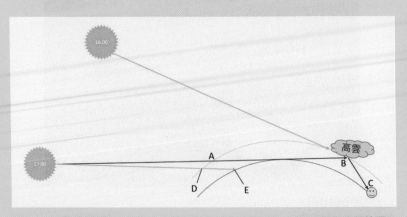

下午四點陽光直射雲層，C點的人最多能看到鑲金邊的雲。到了五點陽光開始照入雲層底部，這些經過長程大氣層空氣散射的紅光反射下來，我們就會看見火燒雲的美景。

台北地區的日出時刻，從夏天到冬天，擺盪在清晨五點三分（六月初）到六點四〇分（一月中）之間。夏天最早你要趕在四點四〇就位，冬天可以等到六點出頭才就位。這樣才有機會拍到日出前的霞光。

> **Tips**：手機搜尋「日出時刻」和「日落時刻」，古哥會直接顯示你所在位置當日的精確時刻。
>
> **安全提醒**：欣賞晨昏美景一定會摸黑出門或回家，請確實檢查前後燈，確保電力足夠。大部分人上網買的車燈大約都只夠數十分鐘長亮，騎兩次就沒電，非常危險。

▶ 01 重翠橋晨曦

重翠橋日出（攝影：Vicky Lai）

▶02 重翠橋火燒雲

重翠橋單車道，東側看日出，西側看夕陽。

重翠橋火燒雲

▶03 福德坑夕陽

福德坑夕陽

▶ 04 中正紀念堂夜景

　　中正紀念堂廣場施工時有個缺點，就是下雨會積水，但在攝影者眼中這個缺點卻是個很棒的優點，因為積水反光映襯，可以拍出「中正幻湖」的感覺。本圖拍攝位置在積水的台階上。

中正紀念堂夜景

▶ 05 瓊仔湖福德宮

（☞路線 25：台北盆地簡史 _21）月升

▶ 06 大直橋夕陽

　　這是冬天大直橋的黃昏，連騎悠拜上橋的人每個都被吸引下來拍照。大直橋是北區春秋兩季最方便的夕陽點，這張圖拍

瓊仔湖福德宮

大直橋夕陽

照時是冬天，太陽偏到南邊，少了一點水面滿江紅的反射。春秋兩季，太陽在正西面落山，晚霞加水面，會是一片紅，配上圓山飯店的剪影，極美。

▶ 07 獅子頭隘口晨曦

獅子頭隘口晨曦

▶ 08 淡水老街晚霞

　　淡水老街從捷運站這端到海關碼頭，幾乎都是夕陽觀賞點，從冬至到夏至，日落方位由南向北移動，秋後通常已經被觀音山遮擋，因此淡水夕陽要配合時令適時往老街南北兩端移動，才能看到海天輝映的晚霞。

淡水老街晚霞

蘆洲堤頂大道晚霞

八里療養院俯瞰台北港晚霞

夏日夜騎十四選

　　每年六月以後，白天氣溫升到攝氏三十五度以上，大部分人都沒辦法在這種氣溫下騎車，所以夏天只好放棄騎車嗎？那太可惜了。夏天有特別的騎車模式，就是把日騎改成夜騎就好啦。

　　但改成夜騎只是時間改動，路線還是照著白天的路線騎嗎？那就太浪費夜騎時段的特別魅力了。如果只改時間，路線不需要新思考嗎？那就可惜了夜晚的魅力了。夜晚的特色是太陽下山，而太陽下山是一天中大氣色彩最絢爛的時刻，夜騎應該從黃昏開始，從夕陽到晚霞，這才是夜騎不同于白天的趣味所在。

　　夜騎還需要具有「百萬夜景」視野的山頭，從夕陽點騎到夜景俯瞰點，這樣才會騎出一個與白天風味完全不同的精彩夜行。以下介紹十四條不同難度等級的夏日夜騎路線。

　　安全提醒：夜騎一定需要車燈照亮前路或警告來車，請確實檢查前後燈，確保電力足夠。大部分人上網買的車燈大約都只夠數十分鐘長亮，三小時夜騎一定沒電，非常危險。新買的車燈一定要在家裡長亮測試可以維持三小時以上。

　　晚上騎車較適合熟手，新手建議只騎一、二級，勿騎第三級以上路線。

▶ 01 龍山寺晚禱，關渡宮聽濤

◎路線：龍山寺→大稻埕→社子大橋→關渡宮→關渡公園
◎難度：第一級，河濱級
◎夜景點座標：25.119547, 121.463813

▶ 02 大直橋夕陽，北藝大夜景

◎路線：大直橋（夕陽）→保安宮→社子大橋→關渡宮
→北藝大
◎難度：第二級，小坡練腿級
◎夜景點座標：25.133780, 121.470561；25.137565,
121.474085

▶ 03 大稻埕夕陽，福州山夜景

◎路線：大稻埕（夕陽）→馬場町公園→寶藏巖→芳蘭
路→臥龍街→福州山公園
◎難度：第二級，小坡練腿級
◎夜景點座標：25.017145, 121.554817

▶ 04 中正紀念堂夕陽，劍南路夜景

◎路線：中正紀念堂（夕陽）→玉泉公園水門→大稻埕碼
頭→大直橋→劍南路夜景點
◎難度：第二級，小坡練腿級
◎夜景點座標：25.089121, 121.550622

▶ 05 重翠橋夕陽，永春崗公園夜景

◎路線：重翠橋（夕陽）→華江橋→玉泉公園水門→北門→中華路→貴陽街→信義路→松山路→永春崗公園

◎難度：第二級，小坡練腿級

◎夜景點座標：25.031628, 121.577018

▶ 06 蘆洲看夕陽，水碓公園夜景

◎路線：成盧橋東西南北石→蘆洲環堤大道（夕陽）→五工一路→登林路→水碓公園

◎難度：第四級，艱難挑戰級

◎夜景點座標：25.073885, 121.428402

◎備註：從五工一路到登林路，路線不易找，最好白天先騎過

▶ 07 崇德街夕陽，虎山夜景

◎路線：六張犁福德宮→崇德街石泉巖步道口（夕陽）→研究院路→忠孝東路七段→大道路→奉天宮→松山路→（一五○公尺石階路）→虎山觀景台

◎難度：第三級，勇腳運動級

◎夜景點座標：25.031384, 121.583590

◎備註：往崇德街、研究院路會經過公墓區，夜騎無膽勿試

▶08 碧潭夕陽，明德宮望遠亭夜景 ───────

◎路線：碧潭（夕陽）→中興路→寶高便道→老泉街→
　　東山高中→杏花林→明德宮望遠亭

◎難度：第三級，勇腳運動級

◎夜景點座標：24.970371, 121.577904

▶09 新北大橋夕陽，瓊仔湖福德宮夜景 ───

◎路線：新北大橋（夕陽）→二重疏洪道疏洪八路→五
　　工一路→泰山路→黎明路→瓊仔湖福德宮

◎難度：第三級，勇腳運動級

◎夜景點座標：25.051252, 121.423113

◎備註：從五工一路到泰山路，路線不易找，最好白天
　　先騎過

▶10 新月橋夕陽，烘爐地夜景 ───────

◎路線：新月橋（夕陽）→陽光運動公園→安興路九十一
　　巷→興南路→烘爐地

◎難度：第三級，勇腳運動級

◎夜景點座標：24.971973, 121.497942

▶11 淡水夕陽，天乙寺夜景

◎路線：淡水海關碼頭（夕陽）→關渡大橋→凌雲路→
天乙路→孝義路→天乙寺
◎難度：第三級，勇腳運動級
◎夜景點座標：25.114463, 121.442437
◎備註：往天乙寺會經過公墓區，夜騎無膽勿試

▶12 第一公墓夕陽，嘎勞別公園夜景

◎路線：新北投車站→第一公墓（夕陽）→泉源路→中
央北路→嘎勞別公園
◎難度：第三級，勇腳運動級
◎夜景點座標：25.141502, 121.483993
◎備註：經過公墓區，夜騎無膽勿試

▶13 關渡平原夕陽，吳氏宗祠夜景

◎路線：關渡平原（夕陽）→中央北路→大同街→復興
三路→吳氏宗祠
◎難度：第四級，艱難挑戰級
◎夜景點座標：25.155860, 121.502784

▶14 八里療養院夕陽，北五四夜景

◎ 路線：八里療養院（夕陽）→北五○→北五二→北五四

◎ 難度：第四級，艱難挑戰級

◎ 夜景點座標：25.133718, 121.443427

◎ 備註：會經過公墓區，夜騎無膽勿試

石碇千島湖：翡翠水庫之旅

　　翡翠水庫啟用於一九八七年，由台北市政府轄下翡翠水庫管理局負責運轉及維護。翡翠水庫是首都雙北的救命水源，平常日子雙北主要水源來自南勢溪，只有四分之一來自翡翠水庫；碰到颱風、暴雨氣候時，南勢溪水濁度飆高，直潭淨水廠就會把主要水源改成由翡翠水庫取水，以免家用自來水出現黃濁現象。

石碇千島湖

水庫總體壩高一二二點五公尺，最大蓄水量四億六百萬噸，滿水時，水面達一〇二四公頃，迴水長度二三公里。由於水面淹沒了山脊，形成特別的湖中半島，有石碇千島湖的稱號，幾個動物造型的半島更成為觀光地標，普受歡迎。

◎ 起點：木柵動物園
◎ 終點：新店捷運站
◎ 難度：第四級，艱難挑戰級，艱難行程，需要大屯山助航台不落地實力
◎ 里程：55.6 km，總爬升 1,162m
◎ 行程：木柵動物園→石碇老街→北四七之一鄉道→北宜公路→護安宮牌坊右轉→石碇勝安宮→永安景觀步道→土虱頭→石碇千島湖觀景臺→鱷魚島觀景平台→新店碧山派出所→北宜公路→新店捷運站

手機掃碼進入
GPS 路線地圖

◎ 路線爬升示意圖

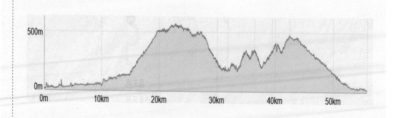

路線 48　坪林最美自行車道：鰱魚堀溪自行車道

　　這一條溪叫「鰱魚堀溪」，在北勢溪上游沿著北宜公路一路向北，在坪林注入北勢溪。沿著溪畔有自行車道，做得相當質樸，好幾條過水橋都親切可喜，山青水秀，騎起來讓人忘了夏天的豔陽。

坪林鰱魚掘溪自行車步道

◎起點：木柵動物園

◎終點：新店捷運站

◎難度：第四級，艱難挑戰級，艱難行程，需要大屯山助航台不落地實力

◎里程：72.8 km，總爬升 1,230 m

◎行程：木柵動物園→石碇老街→北四七→海倫咖啡→坪林吊橋→鰱魚堀溪自行車道→峇里島晴天咖啡→姑婆寮溪→北宜公路回程→海倫咖啡→捷運新店站

手機掃碼進入
GPS 路線地圖

◎路線爬升示意圖

368 公尺

172 公尺

第 5 章

追風探路

大台北扛車路線

▌為什麼要扛車？

騎車的人沒有不討厭扛車的，只要有路，誰不想人騎車卻選擇車騎人？但這世間就是有一種古怪逼得你不得不扛車。那就是你想要抵達一個從未到過的地點，那裡沒路，只剩下步道山徑，怎麼辦？

大部分人會放棄，我則會想，不試一下嗎？我扛車翻過的山頭包括從北宜翻過猴山岳到草楠（兩小時），從研究院路翻過九五峰步道到松山路（三小時），從學園路翻越忠義山到忠義廟（一小時），從北投登山路翻越中正山到竹子湖（兩小時），天母水管路一千三百級階梯（一個半小時）——這些都是走走看的念頭推動的結果。

不過這些路線都已經被我打入冷宮，鎖入記憶，它們不會變成發起約騎的路線規畫，因為太困難，我自己都不想再走第二次。只有那些我覺得風景太美、難度不高，扛車一段（十五分鐘以內）就可以打通死巷，變成O型環狀線，這種路線才會介紹出來或排入社團約騎。

例如從崇德街走一小段糶米古道進挹翠山莊。從銀河路翻過待老坑山進入優人神鼓排練場。從石碇千島湖走永安步道欣

賞壯麗的土虱頭。從萬壽路底扛車上指南宮。從復興三路走步道接下菁礐（音雀）古圳道。

　　基本上要扛車的路線，都是一般車友到不了的絕景祕境，才值得規畫扛車，把路線串連起來。

　　對我而言，扛車是那個不得已的苦，為了更有趣的路。如果你看見某些路線又要扛車就不想騎，你一定不知道你錯過了什麼。

▌怎樣扛車？

　　站單車左側，半蹲伸右臂穿過座墊尖端鼻部，用右肩頂起座墊即可。初練扛車肩膀一定會痛，魔術頭巾折疊以後墊在肩上可以改善。

　　不要買「扛車帶」。扛車帶安裝不便，扛車會晃，反而增加麻煩。我見過許多車友買扛車帶，但沒見過誰會用第二次。用肩膀扛車最實際。

▶01 指南宮

　　標準的公路車上指南宮路線是走指南路轉三段一五七巷，不過指南路車流較多，所以也可以改走萬壽路到「指南宮前山停車場」，從這裡牽車進小吃街，再扛約二百級台階，就可以到指南宮大殿。

　　回程可以騎到貓纜指南宮站，然後從指南路下滑下山。

◎扛車段路線：掃 QR

◎扛車段難度：石階二百級，爬升三十三公尺

▶ 02 糶米古道

　　糶米古道是早期貓空地區米糧、茶葉運送至信義區吳興街銷售的翻山捷徑。全程有五百級石階，不過公路車要扛車只有上半截約二五〇階。從六張犁福德宮上崇德街，約三點二公里，經過「073」號電線桿，對面就是水泥鋪面的登山口，路口可見「往南港」指示牌。下坡石階約二百級，在糶米公廟右轉，沿小路直走可達挹翠山莊紫雲街。

◎扛車段路線：掃 QR
◎扛車段難度：下坡石階約二百級

▶ 03 石碇千島湖土虱頭

　　千島湖的土虱頭通常是從「土虱頭觀景臺」欣賞，真的很

千島湖土虱頭

像一尾浮現湖面的土虱，不過另外有一條觀景步道，直接臨水架設，可以近距離感受千島湖的魅力。這就是永安景觀步道。

◎步道起點：24.931727, 121.650001
◎扛車段難度：八百公尺扛車、推車混合路段

▶04 優人神鼓排練場

從新店走北宜公路轉進銀河路，經過艱苦的陡坡後可以抵達樟湖步道，沿步道向西，或騎或推車，經過待老坑山，有步道穿過竹林，進入優人神鼓排練場。

◎步道起點：24.965027, 121.581520
◎扛車段難度：部份下坡木階約一百級

▶ 05 天母水管路後段（平路碎石段）

　　從紗帽路第一展望公車亭右側小路往下走，經過著名的第三水源藍寶石泉（只開放團體預約參觀），經過凇溪小橋，到愛富三街十二巷，右側下行石階有「天母古道」碑記，繼續扛車下去，約二五〇級石階可到水管路碎石路段。

天母水管路

2020年5月11日 10:38:34

天母水管路後段是一條長約二公里的平面山徑，路基下面
鋪設水管，上面以碎石鋪平，是一段幾乎水平的平路。原先是
水管路也是維修路，現在更成為健行步道。單車騎行請禮讓山
友先行，不要按鈴噹。

◎步道起點：25.142262, 121.544245
◎扛車段難度：下坡石階約三百級

▶ 06 學園路

從北投到小坪頂有幾條選擇，但復興三路遠繞，稻香路
車多，剩下還有一條扛車路線，只需要十分鐘扛車，可以從竹
圍樹梅坑的妙覺寺爬到吳仔厝。是關渡往小坪頂、天元宮的捷
徑。從北藝大後門出來，在學園路邊有土地廟，過土地廟左側
土路下行，沿山路可以騎到樹梅坑妙覺寺，從寺右側石階路扛
車上去，約十分鐘可到吳仔厝。

◎步道起點：25.145892, 121.473607
◎扛車段難度：上坡石階約三百公尺

▶ 07 下菁礐古圳

北投復興三路五二一巷十六弄過大屯桶柑園有小路下行，
可以接臺北大縱走第一段，扛車可以接往下菁礐（ㄑㄩㄝˋ）
古圳，沿古圳緩行，可以通往稻香路。

◎扛車段路線：掃 QR
◎扛車段難度：下坡石階及山路約五百公尺

▶08 尖山（占山）觀景台 ────────

尖山是觀音山群峰之一，海拔三八二公尺，是這幾條扛車路線中唯一一條沒有串成 O 形路線的。仍然把他放進扛車推薦路線的理由是，尖山觀景台的視野太開闊、太精彩、太美；就算原路去，原路回，也應該一生給他扛一次。

單車路線從五股孝義路上去，經過觀音社區涼亭後上左側陡坡，此後九百公尺爬升一六七公尺，平均坡度是十八點五％的魔王級超陡坡。這段路我只能一半騎，一半推車，真的非常陡。騎到東明宮後，左前方是通往尖山平台的登山步道，長度約二百公尺，爬升約六〇公尺，扛車時間約十五分鐘，不算特別可怕。

整段路最難的應該是那段十八‧五％的超級陡坡，後面二百公尺扛車段反而不是最難的。

◎步道起點：25.127742, 121.434141
◎扛車段難度：上坡石階約二百級

公墓區就是最好的練車路

　　在台北騎車我有個癖好，就是喜歡騎公墓區，這倒不是天生就這樣，而是台灣的公路環境教會了我這樣騎車的好處。

　　墓區通常在郊山，不屬於交通要道，因此人煙稀少，車流罕見，再加上台灣人固有的風水觀，一定要選在前庭開闊，背靠大山的地方，那裡通常又是展望良好的所在。陽明山的第一公墓，觀音山的諸多公私墓葬，都有這樣的特色。

　　所以騎山路一般人看到墓區就皺眉，我看到墓區反而高興，因為那裡一定車少人稀，還有好山好水的風景可欣賞。你只要不介意與墓區先人同享即可。

　　「今天路過貴寶地，看如此風水，可見各位長輩福澤不淺，小弟斗膽與各位先輩暫借此地山水風光，看完即歸，打擾之處尚請見諒。」心中默念口訣，眼底欣賞著山水聚氣的美景，滿懷感謝的心情賦歸。

▶01 崇德街六張犁福德宮至三岔路高點 ───

　　這裡是南區最接近市中心的山路，練車方便，還有多處展望點。從六張犁福德宮上崇德街，約四公里可達三岔路高點。右邊岔路經福德坑公墓到木柵動物園，左邊經研究院路到南港。

　　崇德街坡度雖然不大，但你要增加強度也不難，每次把飛輪最輕檔往右升一檔，上坡的費力程度自然會增加。

◎起點：六張犁福德宮
◎終點：中研院或木柵動物園
◎難度：第二級，小坡練腿級，新手練坡行程，需要崇
　　德街不落地實力
◎里程：4 km，總爬升 163 m
◎路線圖：掃 QR

▶ 02 南港軍人公墓

　　因為這裡不是通往其他地點的路線，所以平常沒有交通流量，除了清明前後，這一條公墓路線毫無人煙，加上坡度平均，特別適合新手練車。

◎起點：中華科技大學
◎終點：南港軍人公墓
◎難度：第二級，小坡練腿級，新手練坡行程，需要崇
　　德街不落地實力
◎里程：2.1 km，總爬升 99 m
◎路線圖：掃 QR

▶ 03 新店康雅崙路

◎起點：新店永興路
◎終點：新店文山農場
◎難度：第二級，小坡練腿級：新手練坡行程，需要崇德
　　街不落地實力
◎里程：5.4 km，總爬升 142 m
◎路線圖：掃 QR

04 陽明山第一公墓

◎起點：新北投站
◎終點：第一公墓荷馬李將軍墓
◎難度：第二級，小坡練腿級：新手練坡行程，需要崇德街不落地實力
◎里程：4.8 km，總爬升 231 m
◎路線圖：掃 QR

▶ 05 五股孝義路天乙寺

◎起點：凌雲路
◎終點：天乙寺
◎難度：第二級，小坡練腿級：新手練坡行程，需要崇德街不落地實力
◎里程：3.6 km，總爬升 132 m
◎路線圖：掃 QR

▶ 06 五股天乙路集賢里墓區

（☞路線 21：山水台北城 _7）

▶ 07 八里北五二接北五四鄉道

（☞路線 23：看不見的起家河（下）_29）

九路單車上貓空

　　貓空是南區車友最喜歡的練車路線，車少、路好、強度適中，經典的上山路線有四條，分別是指南路左、右線，政大後門、東山高中。但如果你是那種喜歡新鮮的車友，那麼這裡額外再為你加上五條。這些多半都是全程騎車，但有些需要加上一點小扛車（會註明）。

▶01 指南路左線經草湳至貓空站 ─────

◎起點：政大校門口
◎終點：貓纜貓空站
◎難度：第二級，小坡練腿級：新手練坡行程，需要崇德
　　街不落地實力
◎里程：7.4 km，總爬升 316 m
◎路線圖：掃 QR

▶02 指南路右線上貓空站 ─────

◎起點：政大校門口
◎終點：貓纜貓空站
◎難度：第二級，小坡練腿級：新手練坡行程，需要崇德
　　街不落地實力
◎里程：5 km，總爬升 285 m
◎路線圖：掃 QR

▶ 03 恆光橋政大後門上明德宮

◎起點：恆光橋
◎終點：明德宮
◎難度：第二級，小坡練腿級：新手練坡行程，需要崇德
　街不落地實力
◎里程：4.4 km，總爬升 265 m
◎路線圖：掃 QR

▶ 04 一壽橋東山高中上明德宮

◎起點：一壽橋
◎終點：明德宮
◎難度：第二級，小坡練腿級：新手練坡行程，需要崇德
　街不落地實力
◎里程：5.9 km，總爬升 276 m
◎路線圖：掃 QR

▶ 05 萬壽路上指南宮

（需扛車☞路線 51：大台北扛車路線 _1）

▶ 06 新店新坡一街經騰龍御櫻

（中間有三百公尺碎石路需推車）至明德宮

◎起點：新坡一街
◎終點：明德宮
◎難度：第二級，小坡練腿級：新手練坡行程，需要崇德
　街不落地實力
◎里程：8.9 km，總爬升 425 m
◎路線圖：掃 QR

▶ 07 新店玉山路經騰龍御櫻至明德宮

◎起點：北宜玉山路口

◎終點：明德宮

◎難度：第二級，小坡練腿級：新手練坡行程，需要崇德街不落地實力

◎里程：6.4 km，總爬升 341 m

◎路線圖：掃 QR

▶ 08 銀河路接樟湖步道上優人神鼓

（需扛車☞路線 51：大台北扛車路線 _4）

▶ 09 阿柔洋產業道經草湳至貓空站

◎起點：阿柔洋產業道路

◎終點：貓纜貓空站

◎難度：第二級，小坡練腿級：新手練坡行程，需要崇德街不落地實力

◎里程：12.3 km，總爬升 457 m

◎路線圖：掃 QR

十路單車上陽明山

上陽明山的路線也很多，其中仰德大道因為車流量大，經常有重大事故，建議避免。另外光華路坡陡路小，還需注意紅綠燈單向交管，若非經驗豐富車友，請勿嘗試。

▶01 平菁街上冷水坑

◎起點：至善路小七
◎終點：冷水坑遊客中心
◎難度：第四級，艱難挑戰級，艱難行程，需要大屯山助航台不落地實力
◎里程：15.6 km，總爬升 766 m
◎路線圖：掃 QR

▶02 永公路上冷水坑

◎起點：士林官邸
◎終點：冷水坑遊客中心
◎難度：第四級，艱難挑戰級，艱難行程，需要大屯山助航台不落地實力
◎里程：13.8 km，總爬升 760 m
◎路線圖：掃 QR

▶ 03 仰德大道

◎起點：士林官邸
◎終點：前山公園
◎難度：第三級，勇腳運動級，勇腳行程，需要風櫃嘴不落地實力
◎里程：9.1 km，總爬升 453 m
◎路線圖：掃 QR

▶ 04 光華路六一巷四弄轉菁山路上冷水坑

◎起點：光華路口
◎終點：冷水坑
◎難度：第四級，艱難挑戰級，艱難行程，需要大屯山助航台不落地實力
◎里程：9.4 km，總爬升 739 m
◎路線圖：掃 QR

▶ 05 中山北路七段二一九巷接紗帽路

◎起點：天母古道口
◎終點：陽明山花鐘
◎難度：第三級，勇腳運動級，勇腳行程，需要風櫃嘴不落地實力
◎里程：7.3 km，總爬升 367 m
◎路線圖：掃 QR

▶ 06 行義路接泉源路

◎起點：石牌榮總
◎終點：陽明山花鐘
◎難度：第三級，勇腳運動級，勇腳行程，需要風櫃嘴不落地實力
◎里程：6.7 km，總爬升 404 m
◎路線圖：掃 QR

▶ 07 泉源路接湖底路

◎起點：新北投車站
◎終點：陽明山花鐘
◎難度：第三級，勇腳運動級，勇腳行程，需要風櫃嘴不落地實力
◎里程：8.4 km，總爬升 429 m
◎路線圖：掃 QR

▶ 08 登山路接東昇路

◎起點：復興四路口
◎終點：竹子湖觀景台
◎難度：第三級，勇腳運動級，勇腳行程，需要風櫃嘴不落地實力
◎里程：10 km，總爬升 634 m
◎路線圖：掃 QR

▶ 09 巴拉卡公路

◎起點：紅樹林站

◎終點：二子坪遊客中心

◎難度：第四級，艱難挑戰級，艱難行程，需要大屯山助
航台不落地實力

◎里程：23.1 km，總爬升 1,031 m

◎路線圖：掃 QR

▶ 10 陽金公路

◎起點：金山老街

◎終點：中湖

◎難度：第三級，勇腳運動級，勇腳行程，需要風櫃嘴不
落地實力

◎里程：17.3 km，總爬升 718 m

◎路線圖：掃 QR

路線 55 十二路單車上觀音山

　　觀音山區的路線可能是台北郊山中數一數二複雜的，原則上無法騎上遊客中心的就不列在這裡了（但幾條半山腰的鄉道還是很值得一試的，如北五四☞ 23_28、天乙路☞ 21_8 等，都有不同特色）。

▶ 01 凌雲路

◎起點：凌雲路口
◎終點：觀音山遊客中心
◎難度：第三級，勇腳運動級，勇腳行程，需要風櫃嘴不落地實力
◎里程：7.7 km，總爬升 359 m
◎路線圖：掃 QR

▶ 02 孝義路接凌雲路

◎起點：孝義路口
◎終點：觀音山遊客中心
◎難度：第三級，勇腳運動級，勇腳行程，需要風櫃嘴不落地實力
◎里程：8.2 km，總爬升 423 m
◎路線圖：掃 QR

▶ 03 田埔巷接凌雲路

◎起點：龍形一街三三巷
◎終點：觀音山遊客中心
◎難度：第三級，勇腳運動級，勇腳行程，需要風櫃嘴不
　　落地實力
◎里程：7.2 km，總爬升 432 m
◎路線圖：掃 QR

▶ 04 北五○接華富山路

◎起點：渡船頭路口
◎終點：觀音山遊客中心
◎難度：第三級，勇腳運動級，勇腳行程，需要風櫃嘴不
　　落地實力
◎里程：6.2 km，總爬升 358 m
◎路線圖：掃 QR

▶ 05 北五二接華富山路

◎起點：北五二路口
◎終點：觀音山遊客中心
◎難度：第三級，勇腳運動級，勇腳行程，需要風櫃嘴不
　　落地實力
◎里程：8.4 km，總爬升 496 m
◎路線圖：掃 QR

▶ 06 茇阡坑路接民義路

◎起點：訊塘路口
◎終點：觀音山遊客中心
◎難度：第三級，勇腳運動級，勇腳行程，需要風櫃嘴不
　落地實力
◎里程：6.3 km，總爬升 351 m
◎路線圖：掃 QR

▶ 07 登林路接粉寮路

◎起點：自強路口
◎終點：觀音山遊客中心
◎難度：第三級，勇腳運動級，勇腳行程，需要風櫃嘴不
　落地實力
◎里程：13.3 km，總爬升 460 m
◎路線圖：掃 QR

▶ 08 外寮路接粉寮路

◎起點：外寮路口
◎終點：觀音山遊客中心
◎難度：第四級，艱難挑戰級，艱難行程，需要大屯山助
　航台不落地實力
◎里程：11.4 km，總爬升 435 m
◎路線圖：掃 QR

▶ 09 民義路

◎起點：工商路口
◎終點：觀音山遊客中心
◎難度：第三級，勇腳運動級，勇腳行程，需要風櫃嘴不
落地實力
◎里程：9 km，總爬升 358 m
◎路線圖：掃 QR

▶ 10 御史路

◎起點：御史路口
◎終點：觀音山遊客中心
◎難度：第三級，勇腳運動級，勇腳行程，需要風櫃嘴不
落地實力
◎里程：7.9 km，總爬升 358 m
◎路線圖： 掃 QR

▶ 11 凌雲路轉中直路

◎起點：凌雲路口
◎終點：觀音山遊客中心
◎難度：第三級，勇腳運動級，勇腳行程，需要風櫃嘴不
落地實力
◎里程：6.7 km，總爬升 359 m
◎路線圖： 掃 QR

▶ 12 凌雲路轉崩山巷

◎起點：凌雲路口
◎終點：觀音山遊客中心
◎難度：第四級，艱難挑戰級，艱難行程，需要大屯山助
　　航台不落地實力
◎里程：6.5 km，總爬升 359 m
◎路線圖：掃 QR

二十四節氣的
單車賞花行

　　每年櫻花季你都會去陽明山人擠人嗎？每次為了賞花都覺得千里奔波、交通周折，性價比很低嗎？騎單車大概是所有賞花交通工具中最完美的解決方案了。不用塞車，直接騎到賞花點，在多個點之間快速移動，輕鬆下滑回家，配合節氣旅行，生活更多彩。

　　自然美景因為每年氣候不同，所以有可能提前或延後，或爆開或花況冷清，賞花請注意相關賞花社團情報（也歡應各地車友至臉書「周周來騎車」社團通報花況）。

▶立春：櫻花

　　每年櫻花依照品種不同，花期從大寒、立春一直開到四月清明。

- 平菁街寒櫻
- 自來水博、陽光運動公園河津櫻
- 陽明山內厝溪櫻木花廊
- 天元宮二月富士櫻、三月吉野櫻
- 淡水鄧公路山櫻
- 三芝青山路山櫻

- 北投復興三路山櫻

淡水天元宮

▶清明：流蘇

流蘇是台灣原生植物，花期在三月底、四月初，從盛開到
花謝約維持一周。

- 台大總圖前北側
- 台大進校門右側
- 台大洞洞館東側

- 二二八公園紀念碑前
- 新店陽光運動公園
- 東昇路
- 桃園虎頭山公園
- 桃園石門水庫管理局大草坪

台大總圖北側

二二八公園

東昇路

▶清明：苦楝

苦楝是台灣原生植物，花期在清明前後，從盛開到花謝約維持一周。

- 基隆河右岸大直橋與中山橋之間
- 基隆河右岸百齡橋頭堤防上
- 基隆河右岸北投焚化爐附近堤防上
- 淡水竹圍碼頭

苦楝基隆河與大直橋間

基隆河右岸百齡橋

▶清明：魚木

溫州街台電加羅林魚木

溫州街台電加羅林魚木

▶立夏：桐花

土城桐花公園

▶芒種：阿勃勒

雙溪自行車道

雙溪公園阿勃勒

▶小暑：關渡金黃稻浪

25.126017, 121.479908
關渡平原金黃稻浪

▶秋分：美人樹

淡水美人樹大道（☞路線 25：台北盆地簡史 _5）

▶秋分：台灣欒樹

- 敦化南路
- 圓山站
- 八里左岸單車道

敦化南路欒樹

▶小雪：泰山蒜香藤

▶大雪：賞楓

　　亞熱帶的台灣，要欣賞寒帶氣候的自然景色如楓葉，通常都只能上高山，幸好台北還有陽明山。每年十二月上、中旬是

座標：25.064585, 121.437208
泰山蒜香藤

中正山產業道路的楓香和青楓樹葉變色落葉的季節，不管是枝頭繁星似的紅葉，還是飄零鋪滿山徑的枯黃地毯都頗可觀。

　　路線：請搜尋「中正山產業道路」即可。注意這是一條死巷，從竹子湖進去，賞楓段在道路末段，看完需循原路回頭下山。這個路線不是通往中正山停車場的路線，不要混淆。

中正山產業道路

▶大寒：梅花 ————————————

- 陽明山第二停車場
- 北投梅亭
- 北橫角板山行館梅園

一日蘇花公路之旅

　　蘇花公路是環島路線中特別讓人難忘的路段，絕壁海岸，驚人碧海藍天，美景雄渾，但漫長隧道內跟貨卡爭道卻又讓單車騎士望之卻步，許多舊日的環島規畫都建議車友跳過這一段，人車直接從花蓮坐火車到蘇澳；不過這一切在蘇花改通車後，有了巨大的轉變。大部分機動車輛，包括重機車全部都改走蘇花改，舊蘇花就只剩下單車旅人，以及寧靜的海天美景了。

　　如果你有能力（與膽識）在市區馬路上騎車，那麼挑戰蘇花，享受絕世獨立的海天美景，會是畢生難忘的回憶。

▌騎車方向：南或北

　　蘇花公路一邊靠山，一邊靠海，如果從北往南騎，海景都在對向車道，看海還要跨中線，不是很方便，也增加危險，所以一般建議都是從南往北騎，海岸就在車道右手邊，隨時停下就可欣賞（事實上整個花東海岸線都適合由南往北騎）。

　　舊蘇花從新城到蘇澳，全長八十四公里，總爬升一一三九公尺，完全是單車一天的行程，不過這路線我列為艱難挑戰級，你要是連風櫃嘴都沒上過，不要貿然前往。雙北車友要一天完成蘇花之旅，最簡單的辦法就是用兩鐵旅行。早上連人帶車先坐火車到新城（有時間可以看一下新城天主堂，那裡是台

灣史的一段悲傷故事。請谷哥關鍵字：新城事件）。騎完蘇花
公路後，再坐火車從蘇澳北返。

一日蘇花南澳

▌只有單一車道的共線路段

蘇花公路是環島一號線指定的標準路線，嚴格來說現在只剩頭尾兩段新舊蘇花共用的路段有點挑戰。這兩段由於雙向都只有單一車道（包括隧道段也是），所以慢車騎在上面，很容易感受到大車超車時的壓迫感。

不過這個壓迫感大概跟台北市區和平東路二段到四段（加上莊敬隧道）的騎車體驗差不多，車友出發前可以先到和平東路試騎，能夠從師大騎到木柵路再反向騎回來，你在蘇花會遭遇的壓迫感差不多也就那樣了（至於新北車友，你都能在新莊、板橋、中永和騎車，蘇花公路對你就太輕鬆了）。

這頭尾兩段分別是從太魯閣大橋到大清水休息區的第一段（南往北算），以及從南澳到東澳的第四段。

第一段全長十公里，有隧道四座，大概是整條蘇花之旅中，挑戰最大的路段，但清水斷崖就在這中間，所以非騎不可。四座隧道分別是：崇德隧道（三〇〇公尺）、匯德隧道（一點五公里）、錦文隧道（一點一公里）、大清水隧道（五五〇公尺）。過匯德隧道右邊就是清水斷崖，小心不要錯過。

最北端的第四段共線從南澳到東澳，長十一公里，附帶爬坡二七三公尺，則是體力兼心力的雙重考驗（此路段中的新澳隧道，往北是雙線道，所以騎車壓力反而比較小）。

新、舊蘇花的四個共線路段，除了上述的頭尾兩段較困難之外，中間還有兩段共線，但路幅較寬，南北雙向各二線車道，騎起來不會太困難。

▌假日或上班日

蘇花騎單車壓迫感的來源，大家都認為是砂石重車，但其實這幾年經過交通部門宣導，大部分砂石重車都非常尊重單車騎士，超車都會遠離單車騎士。反而假日出遊的自用小車，不但車速快，超車也不會考慮跟單車保持一點五公尺距離，實際危險性比砂石車高得多。

所以如果有周間休假可請，不妨利用周間時間騎蘇花。

▌車燈、車燈、車燈

騎蘇花請全程開亮前後燈（沒有前後燈請勿上蘇花），不止照亮前路，也要讓後車看見你在前面。騎在單線道距離路肩白線一公尺處，讓後車可以清楚看見，不要太貼近路肩，以免汽車任意超車，反而增添危險。

▌蘇花公路上幾個值得探訪的地點

新城天主堂（方舟教堂）、清水斷崖、錦文隧道與大清水隧道接口（古蘇花廢道）、仁清隧道北口屏風岩、漢本車站（百里分石）、莎韻之鐘、南澳建華冰店（傳道冰）、震安宮（羅大春開路紀念碑）、烏石鼻、粉鳥林海灣、慶安堂（開路先鋒爺）、烏岩角（中央山脈起點）、南方澳觀景台。

一日蘇花新城天主堂

◎起點：花蓮新城
◎終點：宜蘭蘇澳
◎難度：第四級，艱難挑戰級，艱難行程，
　需要大屯山助航台不落地實力
◎里程：85km，總爬升 1,213 m

◎路線爬升示意圖

手機掃碼進入
GPS 路線地圖

↑1,213 公尺 · ↓1,226 公尺

369 公尺

7 公尺

單車台北通測驗

　　你覺得大台北已經騎透透，已經騎到不知道要騎哪裡了嗎？我跟你說，還早。

　　不然來試一下以下十道 Open Web（就是網路不禁，儘管查）的測驗，只要你能在古哥地圖上畫出怎樣串接六道以上測驗題的路線，並在一天之內實際騎完，我就承認你是單車台北通。

　　1. 撿一片銀杏樹的樹葉，在樹下讓你的車跟樹葉同框打卡

銀杏同框

2. 撿一顆自然掉落、完整的松果，在樹下讓你的車跟松果同框打卡

3. 撿一顆苦楝樹種子，在樹下讓你的車跟種子同框打卡

4. 海拔一百公尺以上，讓你的車與一○一同框打卡

5. 任何海拔，讓你的車與一○一還有新光三越大樓同框打卡

6. 你的車跟一隻活牛同框打卡

7. 你的車跟一棵水筆子同框打卡

8. 你的車跟任何一間在公園裡的土地廟同框打卡

9. 你的車跟任何一個清朝古蹟同框打卡

10. 你的車跟任何一架飛機同框打卡（軍機或客機、在地面或空中皆可，遙控空拍機不算）

飛機同框

前三題考驗你騎車時對自然世界的觀察能力，四、五題考驗你對大台北騎車範圍有多熟，後面五題則需要你騎車時還能注意周遭的地景地物，以及延伸檢索資訊的習慣。這十道題目考驗的是你騎車的深度、廣度、對自然的好奇，對淡水河水文的理解，還有對外在世界的探索能力。

　　騎車應該要記錄你的觀察，對任何景物保持好奇，回家還要做功課解答在路上產生的疑惑，這樣就會收穫滿滿的知識，讓騎車變成腳腦並用，心靈豐滿的超級運動。

第 **6** 章 新手進階建議

河濱車道左岸右岸 跳島攻略

　　新手騎河濱如果不懂怎樣找到過橋引道，那麼你會失去河濱騎車的最大樂趣，過河不只是到對岸，過河是新路線的起點，是爬坡的預備，也是看風景的好地方。

　　這條路線帶你一次騎滿淡水河系十六條跨河橋，徹底打通淡水河左右岸三百公里自行車道，雙邊攻略，穿梭自如。騎完這十六條跨河橋，你就不會再害怕過河了。

▌如何知道哪邊是左岸，哪邊是右岸？

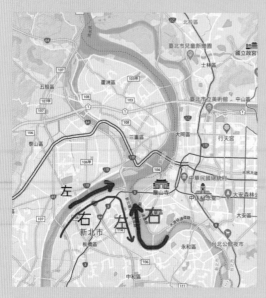

圖片來源：谷歌地圖，作者後製。

　　基本上左右岸是以水流方向來判斷，想像自己面向下游，左手邊就是左岸，右手邊就是右岸。所以以下圖為例，如果你沿著藍色箭頭，要從板橋騎回中永和，你就會經歷從大漢溪右岸，騎到新店溪左岸的過程。

◎起點：圓山站
◎終點：華江橋
◎難度：第一級，河濱級，除了過河引道之外，沒有其他坡道的平路行程。
◎里程：45 km，總爬升 40 m

手機掃碼進入
GPS 路線地圖

起點：圓山站、玉門街越堤引道

1. 大直橋
2. 中山橋
3. 百齡橋
4. 外雙溪過河便橋
5. 洲美橋
6. 社子大橋
7. 關渡碼頭過港橋
8. 關渡大橋
9. 五股濕地過河便道
10. 成盧橋
11. 重陽橋
12. 台北橋
13. 新北大橋
14. 重翠橋
15. 新月橋
16. 終點：華江橋

河濱比你知道的更精采

　　從河濱可以直達大台北十二個老街。騎河濱遇到分岔路線不用害怕，這些分岔最後都會會合，因為河濱不屬於交通道路，河濱專用道通常是封閉型的，你要騎出河濱反而很困難。換句話說，在河濱要騎到迷路還真的需要特別天分才行。

▶ 01 汐止 （☞路線 21：山水台北城 _1）

　　汐止開車很遠，騎車你會發現出乎意料的近。汐止單車道沿著基隆河堤而建，第一次騎會讓人頭暈不知道哪裡該上橋，哪裡該跨越馬路，其實原則只有一個，靠著河岸騎就對了。最簡單的指引是從南港，沿著基隆河左岸騎，就可以穿越整個汐止直達五堵。

▶ 02 淡水 （☞路線 25：台北盆地簡史 ）

　　到淡水老街應該是很多人河濱騎車的第一個里程碑。台北市區往淡水只有幾個路口有困難，一是在社子島的快樂休息站記得右轉切出河濱，進入洲美快速道路的自行車引道，下橋後在河雙 21 休息站記得要往左大迴轉進入關渡防潮堤的單車道。

▶ 03 八里

　　好吧，騎到八里比到淡水更簡單。只要你找得到關渡大橋的單車引道，過橋到淡水河左岸沿河濱往出海口騎，自然就

會到八里老街。如果在三重、新莊，騎二重疏洪道或淡水河左岸，請以成蘆橋下東西南北石為中途標誌，再沿著五股濕地的單車道往北即可抵達。

▶ 04 大稻埕碼頭 ────────────

從市區民生西路往西騎，盡頭就是通往大稻埕碼頭的水門。

▶ 05 萬華 ──────────────

從桂林路疏散門可以通往桂林路。距水門二百公尺就可以看到華西街的街口牌坊。

▶ 06 新莊（☞路線 21：山水台北城 _20）────

要到新莊老街只要知道新月橋就會到。新月橋的北邊引道繞下去，出口就是廟前街，你抬頭看，武聖廟就在正前面，那裡就是新莊老街。

▶ 07 鶯歌 ──────────────

沿著大漢溪左岸往上游騎，看到龍窯橋鶯歌就到了。過橋右轉往鶯歌陶瓷博物館和鶯歌老街，直行則是繼續往大溪的河濱單車道。

▶ 08 大溪 ──────────────

從鶯歌沿河濱繼續往上游騎，經過中庄調整池往大溪橋。看見大溪橋後迴轉上橋，過河就是大溪老街。

▶09 三峽

到三峽要騎大漢溪右岸單車道，過媽祖田運動公園，騎上佳興路右轉三角湧大橋，過三峽河到對岸的單車道，那裡沿左岸騎，就會接到三峽清水街和三峽祖師廟。

▶10 板橋林家花園

從湳仔溝抽水站翻過堤防，沿著湳仔溝單車道通過館前西路，有天橋可跨越馬路，從天橋到林家花園只要五百公尺。

▶11 新店（☞路線 21：山水台北城 _12）

沿著新店溪單車道騎到碧潭，堤防外就是新店老街。

▶12 深坑

從木柵動物園前面新光路往東騎，接文山路，看到中油加油站，右轉往阿柔洋，左轉就會到深坑老街（☞**路線 22：看不見的起家河（上）_7**、☞**路線 22：看不見的起家河（上）_8**、☞**路線 22：看不見的起家河（上）_9**）。

▶13 坐渡船過河

淡水河水系有兩個渡口可以載運單車連人一起過河，一個是淡水碼頭到對岸八里，另一個是碧潭的人力擺渡。後者是全國僅存的人力擺渡渡口。

有點難又不太難的新手坡

為什麼要練坡呢？好好的河濱平路慢慢騎不是很悠閒嗎？

爬坡是一定要練的，不練爬坡你騎車的樂趣就喪失大半了。爬坡會產生強大的身體負荷，讓你鍛鍊肌力，強化心肺，刺激大腦分泌腦內啡，改善你的精神狀態（騎車可以改善憂鬱症，說的就是這件事）。

更重要的是在台灣，只要你想騎到遠一點的地方，你就得爬坡。環島要爬坡，去北海岸吃海鮮要爬坡，體驗蘇花公路要爬坡，賞櫻、賞桐、賞楓，任何自然美景全都在山上。沒有爬坡能力沒有車隊會要你，因為車隊行程百分之九十九都是山路。

爬坡需要腿力，也需要心肺能力，腿力有可能在重訓教室練出來，但心肺能力只能靠爬坡訓練。

爬坡是你的朋友，爬坡讓你有更強大的能力控制身體，駕馭單車，只有辛苦流汗，才會體會到歡呼收割。每個騎車的過來人都會告訴你，要練爬坡。當你鍛鍊到可以爬上高山，你才會體會到人車一體的和諧美感。

以下介紹八條不同地區的新手練坡路線，他們共同的特色是坡道平緩，車輛稀少，離市區也不遠。

練習方法是：每周去爬三趟，第一次爬不上沒關係，休息五分鐘再爬，爬不動用牽的，無論如何要上到最高點。後天再

來，再後天再來，每周來三趟，直到你可以不落地直上高點。
這樣你就完成初級的爬坡訓練了。接下來你可以挑戰「公路車
新手三十級練車升級表」（☞ 65）。

▶01 至善路故宮至楓林橋

4.4 公里，爬升 170 公尺。

手機掃碼進入
GPS 路線地圖

▶02 劍南路故宮至銅心米粉寮高點

3.4 公里，爬升 134 公尺。

手機掃碼進入
GPS 路線地圖

▶03 崇德街六張犁福德宮至三岔路高點

（☞路線 52：公墓區就是最好的練車路 _1）
4 公里，爬升 163 公尺。

手機掃碼進入
GPS 路線地圖

▶04 研究院路中華科技大學至三岔路高點

4.6 公里，爬升 149 公尺。

手機掃碼進入
GPS 路線地圖

▶ 05 政大後門環山二道回後門

4.3 公里，爬升 124 公尺。

手機掃碼進入
GPS 路線地圖

▶ 06 北藝大校園從關渡國小至北藝大後門

北藝大是國立大學，校址原先在蘆洲，後來遷至關渡埔頂的小山脊上，這裡以前是古代墓葬區，經過遷墳整建之後，現在成為優美安靜的大學校園。因為原本是墳地，學生自稱這裡是妖山。這裡是大屯山餘脈，學校依山而建，從正門到後門高點總爬升約一百公尺，車少坡平，非常適合新手練坡。北藝大海拔雖不高，但因為緊鄰關渡平原，視野一望無際，所以是台北北邊難得的市區俯瞰點。

2.1 公里，爬升 120 公尺。

手機掃碼進入
GPS 路線地圖

▶ 07 碧潭吊橋繞圈

10 公里，爬升 115 公尺。

手機掃碼進入
GPS 路線地圖

▶ 08 五股工商路接民義路

5.4 公里，爬升 145 公尺。

此路線車輛稍多，新手請小心。

手機掃碼進入
GPS 路線地圖

路線 64

基隆廟口美食之旅

　　如果你學會了怎樣騎到汐止，接下來要騎到基隆就不算難了。當你覺得台北的路線都不稀奇了，試試騎到基隆，體驗不同的路線，尋找不同的美食。第一次騎去怕騎不回來，你還可以到基隆火車站買人車共乘的區間車，車子半票，一起坐回松山。

汐止自行車道。基本上沿著基隆河左岸就可以從南港一直騎到五堵隧道。

手機掃碼進入 GPS 路線地圖

▌基隆美食推薦（舉例）

- 豬肝腸海鮮店：孝三路 65 巷 7 號
- 孝三大腸圈：孝三路 99 巷 3 號
- 李家鍋貼饅頭：孝三路 99 巷 3-1 號
- 魚丸伯仔豆干包愛二路 56 號
- 基隆連珍糕餅店：愛吃芋頭可以帶回台北
- 廟口：10 號吳記螃蟹羹 · 油飯、9 號攤 - 碳烤三明治（越戰美軍補給港時代的遺留）、19 號的肉燥飯、22 號的豬腳滷肉飯、29 號魯肉飯專家、31 號天一香肉羹順。

公路車新手三十級 練車升級表

　　單車界有很多指標性的山路，大家會用成就解鎖的心態去完成，我覺得這是滿好的練車激勵方法，把北區山路依照難易等級分一下先後，這樣可以讓練車新手有一個循序漸進的目標。另外我也把下坡練習放進去。

　　以下每一級大約都是一周的練習量，每周爬三趟，不落地完成以後就可以跳級。練到第二十三級差不多就是公路車國中畢業了，花半年時間，可以勝任台灣百分之九十的山路沒問題。

第○級：任意河濱時速 20 公里維持一小時不間斷

第一級：大稻埕到淡水來回 36 公里平路

第二級：故宮到劍南路站單程 6 公里爬升 130m

第三級：崇德街六張犁到動物園單程 9 公里爬升 160m

第四級：大直橋北端河濱引道不煞車下滑（☞路線 66：騎士的修練 _31）

第五級：華江橋到大溪來回 65 公里爬升 150m

第六級：台北自行車環狀線 58 公里爬升 168m

第七級：碧潭烏來來回 32 公里爬升 324m

第八級：貓空一壽橋到貓空站單程 9 公里爬升 319m

　　　　土城承天禪寺龍泉路 9.7 公里爬升 309m

第九級：觀音山凌雲路單程 7 公里爬升 353m

第十級：洲美橋北端引道不煞車下滑（☞路線 65：公路車新手三十級練車升級表 _31）

練到第十級環島就沒問題了

第十一級：松山奉天宮到北星寶宮 2.4 公里爬升 131m

第十二級：汐碇路 7.6 公里爬升 359m

第十三級：貓空猴山岳 5.5 公里爬升 406m

第十四級：阿柔洋順騎 7 公里爬升 421m

第十五級：北 47-1 動物園開始，來回 43 公里爬升 650m

第十六級：北投復興三路 3.9 公里爬升 363m

第十七級：106 動物園到大華來回 66 公里爬升 800m

第十八級：碧潭到福山來回 65 公里爬升 872m

第十九級：北宜碧潭到坪林來回 55 公里爬升 980m

第二十級：大棟山 7.9 公里爬升 434m

第二十一級：拔刀爾山碧潭出發來回 46 公里爬升 909m

第二十二級：重翠大橋北端 900 度引道不落地直上

第二十三級：風櫃嘴故宮開始 10.7 公里爬升 584m

練到第二十三級大部分山路就都可以攻上了

第二十四級：藍鵲公路

第二十五級：不厭亭

第二十六級：獅仔頭山逆騎（逆時鐘）

第二十七級：汐止勤進路

　　　　　　三芝楓樹湖社區

第二十八級：冷水坑

第二十九級：巴拉卡＋助航台

　　　　　　風櫃嘴天溪園線

第三十級：陽明山青春嶺路

　　　　　　觀音山田埔巷上無極東明宮

到第三十級是用來誇耀說嘴用的

▌引道下坡訓練

第四級、第十級兩條下坡引道訓練

是我走遍大台北河濱，找到最沒有車流、行人干擾，引道出口又有足夠長的滑道，不需要馬上剎車（像客家公園引道一下來就要剎車轉彎），可以讓新手專心練習下坡的路線。練習方法如下：

第一階段按照你的能力，點煞下滑；反覆滑下去，爬上來，滑下去，爬上來，每次下滑都減少一點剎車次數，減到可以完全不剎車為止。一天練不成就練兩天，兩天不成就三天，這個月不行下個月再來，終有練成的時候。這是控車練習，只有控車能力足夠，才有可能完全不煞車。

第二階段放手下滑，在出口前完全煞停。這是要練習培養下坡時的最短煞停距離，讓你明白下坡的控車能力，多遠之前就要開始剎車才煞得住。

第三階段練衝刺下坡，看能不能把最後下坡時速衝到四十公里以上。下坡完全是練習你對自行車的駕馭能力，駕馭能力越好，膽識自然越高。騎車要克服各種恐懼感，都只能從練車開始。

大直橋北引道是完全直線，所以列為第四級，洲美橋北引道中間有一個小彎角，而且長度更長，只要練到不煞車下滑就可以算及格。

修煉標配 ❶ 體能

我認識的多數人對運動沒興趣，對體能鍛鍊都認為那是四肢發達的人在做的事，跟自己沒關係。雖然從國小開始，我們整天就聽著德智體群四育並重，但我們的教育裡面可說是完全沒有任何關於身體、體能或體力的教育。

全民體育最大的阻礙，就是我們對體能、體育、身體訓練長期固化的歧視與偏見。我們的文化只認定讀書是最重要的，只有大腦才值得鍛鍊，身體的鍛鍊是次等的，是不會讀書的人不得已才做的選擇。這是文明人最大的錯誤。

鍛鍊身體不是為了長肌肉，而是要救你自己，讓你重新回到身心合一的和諧狀態。這不是在談什麼抽象的玄學，而是人類這個物種經過數百萬年演化所形塑的特質。

我們的精神狀態是由肉體所決定的。你打了疫苗，免疫反應一起動你就昏昏欲睡，想振作都振作不了；鍛鍊你的身體才能鍛鍊你的心智，人類是身心合一、靈肉合一的物種，我們應該從根本上就明白，健身不是為了健康延壽，而是為了更符合智人物種的生物屬性。

智人不是只有腦，智人還有強大耐戰的體力潛能，但現代人忘記了體能鍛鍊對這個物種的意義，肉體只剩下美醜胖瘦可以評價，而強健的體魄，矯捷的身手，滿身大汗的訓練，被視為跟現代人無關——直到你年滿五十歲，發現身體衰弱得像七十，才不得已被迫覺醒。

趁著你年輕，肌肉還在，簡單訓練就可以維持體態，不要等肌肉流失一大半才要挽救，那時候要花的力氣、時間就多得多，要克服的心理惰性也強得多。

▌體能鍛鍊基本原理

所有體能成長的原理都是相同的，破壞之後才能創新，你的肌肉要經歷超過負荷的強度，肌肉組織產生輕微的損傷，然後你吃下足夠多的蛋白質，休息足夠多的天數，讓身體有足夠多的時間修補肌肉組織。再騎上車你就會發現，腿力變強了，以前爬不上的坡，踩得上了；以前喘不過氣的地方，呼吸變輕鬆了。

所以想要爬得上高山，就得要練高山，想要一日騎破百，就得要練長途。看著車隊登山下海，南征北討，不用羨慕，體能是最不會辜負人的，有練一定會進步。

當然別忘了多吃蛋白質，一個正在練習爬坡的車友，每天應該要吃下體重公斤數乘以一點五倍的蛋白質克重，譬如一個八十公斤的練車車友，每天應該吃下一百二十公克的蛋白質，才足夠他肌肉成長所需。大部分人沒辦法從自然食物中取得這麼多量的蛋白質，所以這個世界才會有人做出蛋白粉供應市場

需求。

　　體能的祕訣總結只是這三件事：要練坡，多吃蛋白質，練一歇一周休三日。做好這三件事，保證效果立竿見影，周周進步。

修煉標配 ❷ 技術

　　怎樣避免撞車、摔車、犁田？

　　避免這幾件事情的關鍵，第一是有沒有保持安全距離，第二是煞車是否正確，第三是如何避免前輪打滑。

　　安全距離是指，預測前面的路況，如果真的出現狀況，我現在的車速能否閃避或煞停。在公路上騎車，隨時都要有憂患意識（術語叫防禦性駕駛），不要以為我遵守交通規則就夠了。

　　前面有小朋友騎車，你要遠離他三公尺外才能超車；對向來車在看手機，馬上要喊他小心；下坡過盲彎，一定要先減速再過彎，千萬不要跨越中線；除非跟前車有破風默契，否則不要直線跟住前車；預判前方車輛是否會侵入己方車道；預判前車是否會突然轉彎。

　　騎車在路上一定要充滿危機感，隨時注意路面雜物、路況、其他車動向、遠離兒童、貓狗，和慢速車輛，慢速車輛非常難預測下一秒的動向，所以只能遠離。碰到好風景就停下來慢慢看，不要一面騎一面看。

▌正確的剎車方法

正確的剎車是要明白剎車的目標，剎車是為了取得對車子的控制權，而不是為了剎停。緊急狀況確實有可能需要剎停，但前提是你能控制住車，而不要因為急剎而車輪打滑，如果前輪打滑，那一定會摔車。

所以不要等到有狀況才來練剎車，平常不練，等到狀況發生通常就來不及了。練剎車在平路就練，每次碰到紅燈就練習各種速度的剎停手感，我常常會刻意模擬緊急剎車的情況，體會要用多少力氣握剎把，才能在最短距離剎停又不會讓前輪打滑。不斷練習，緊急時才會變成身體的自然反應。

同時也要練下坡剎車，下坡有重力加速度的動能，剎停距離跟平路不同（下坡練習請參☞ 65_31）。請記住，練下坡是為了取得對車子的掌控權，你能控制車，才能體會下坡的樂趣。

▌如何避免前輪打滑

第三是如何避免前輪打滑。緊急剎車時，後輪打滑還容易救回，前輪打滑通常就是直接摔車，所以避免前輪打滑非常重要。除了前一點掌握正確剎車力道之外，前輪打滑常見於路面「高低差轉向錯誤」，橋面伸縮縫、水溝蓋夾縫、車道反光企鵝蛋，路面濕滑，路面有青苔、樹葉、碎石、雜物、積水等。遇到這些東西事先要減速，不要等輪胎壓上去再減，輪胎壓上去再減速或轉彎，一定會打滑。

所謂下坡注意路況，就是隨時注意路面上的這些異物，要

嘛提早閃避,要嘛先減速,直直壓過去,不要壓上去還想要閃避。總之這些事都要練習,平常就要練,練了才能變成身體本能,緊急時用得上,如果不練,光靠知識上知道都沒用。

▌下坡技巧訓練

很多人喜歡下坡的速度感,但也有很多人害怕;騎車應該在這中間找到合理的平衡。下坡是辛苦爬坡的獎賞,如果你無法享受下坡,那就太可惜了。但下坡卻也是騎車最危險的時候,十次摔車九次在下坡。

在實際山路下坡之前,請先練習「引道下坡」(☞ 65_31)

▌下坡盲彎過彎技巧

下坡遇到盲彎，看不見對向車況，永遠要假設在這個山壁後面正有一台大卡車在下一秒要衝出來與你對撞。這時候的過彎技巧是，先切到中線轉一個大弧線（不可超越中線），這樣就比較容易貼著山壁過彎。

　　這個單車術語叫做由外切內，從外側切到貼近山壁的內側。千萬不要一開始就貼著山壁想轉，那通常轉不過去，只會騎到對向車道。那就會變成是在賭運氣，正好沒車就沒事，剛好有車就一定出事。這是下坡過彎最安全，也最少消耗動能的標準技巧。

▌怎樣練習換檔？

　　1. 為什麼要練換檔？增加效率，節省腿力，應付爬坡。用錯檔位白耗體能，或者爬不上坡而落馬。

　　2. 什麼時候要換檔？你騎起來費力的時候。不同速度需要不同檔位，起步用低速輕檔，高速巡航用高速重檔。要爬坡了，降回低速檔。

　　3. 什麼是低速輕檔、高速重檔？你拼命踩，奇怪車子就是跑不快，那就是低速輕檔。你剛起步，踩起來好費力，那是高速重檔。速度上升以後，原先的重檔就變會輕，你需要切到更重檔才能維持騎車效率。

　　4. 怎麼換檔？反正手變總共就兩個鈕，不是升，就是降，你自己在平路就要練習怎樣升，怎樣降，練到變直覺。換檔靠直覺，不是靠背口訣。不要等要上坡才問要扳哪個鈕。平路練熟了才練山路。

5. 我爬坡的時候換檔都不成功。新手上坡前就要降檔，等到上了坡發現踩不動，要降就來不及了。只有老手才能一面爬坡一面換檔，這是你學習的目標。

6. 公路車設計變速就是要給你用的，任何速度變化都要切到配合的檔位，配合的檔位是什麼意思？就是你騎起來最舒服的檔位。騎車要常常換檔，不要捨不得，越捨不得換，越浪費體力。

7. 重踩時無法換檔，沒速度沒法換檔。你停車時猛切手變，檔位不會變，踏板一定要動，鍊條才會掛上新檔位。踏板又要動，又不能重踩，所以是什麼？就是輕踩嘛。車子要動，踏板要輕踩，換檔才會成功（所以上坡階段，你正在重踩，想換檔都換不了）。

修煉標配 ❸ 安全意識

▌和你的車建立互信

你可以信任你的車嗎？可以信任到什麼程度？大部分時候這決定了你能享受騎車到什麼地步。

我碰過好幾位車友說他害怕下坡。但不管我給了多少下坡練習的建議，收效都不大，幾年過去，害怕依舊。我一直在想，難道這些車友就永遠無法體驗到下坡的快感嗎？那騎車的樂趣不是少一半嗎？這裡我希望從另一種角度來改變車友恐懼的心態。

很少人會用「信任」的角度看待騎車，不過就我自己騎車上路的經歷，當你越明白你對愛車能夠信任到何種程度，你就越能夠享受騎車。而要建立信任關係，最重要的功課是「了解」。了解你的車能力所能達到的極限，你就不會有不切實際的追求，同時也不會有無謂的恐懼。

　　大部分人了解自己的車，是從加速開始，能騎多快，能維持多久？但很少人意識到「減速」才是了解你的車最重要的關鍵。在平面公路上如果遭遇突發狀況（前車緊急煞車、路邊衝出小狗），你有多少時間可以煞停或閃開？你了解了你的車能夠反應狀況的時間，你騎車自然會對前車，或任何其他會衝入你行車動線的東西，保持足夠的安全距離。

　　在安全距離外騎車，就容易享受騎車的快樂。因為不容易出事，騎起來更安心。

　　了解你的車最重要的功課，則在解決下坡恐懼。也就是了解你的車在下坡時如果遭遇各種狀況，你有多少時間可以煞停或減速閃避，而且不會失控打滑。下坡失控是最致命的，而偏偏下坡又最難有練習機會。沒有練習就沒有了解，沒有了解就沒有信任，沒有信任你就不可能在下坡時採取適當的安全速度和安全距離。

　　為了建立下坡信任，你得找安全的坡道，也就是沒有車輛的坡道自主練習。一般郊山山路多少還是有車，很難作為練習場地。我在公路車新手三十級練車升級表（☞ 65）中，列有兩條安全下坡路線可供自主練習。

　　下坡需要練習，你才會知道你可以信任你的車到何種程

度，太放心高速下滑固然危險，太害怕完全無法自由滑行也是受罪，你必須在其中找到安全下滑的平衡點，那全賴你對愛車的性能了解到什麼程度而定。而了解愛車性能的方法是什麼呢？你猜對了，練習，不斷練習。

修煉標配 ❹ 怎樣維持運動習慣

大部分人這一輩子都有某個時刻「想要」開始運動，有些人順順地就堅持了下來，但有些人怎樣都無法持續，家裡堆了跑步機、瑜珈墊、健身球等等，我也堆過這些東西，到目前為止唯一能持續的只剩下騎單車。以下簡單介紹我的心得：

首先你需要一個容易行動的項目，例如只要穿好鞋子就可以開始（像慢跑）。

其次是成績要具體可見，不需要購買專業器材就可以看見，例如跑了多少里程（手機有 app 可顯示），舉起多少重量（或減少多少體重），爬坡時間費時多久（有手錶就行）等等。

最後是這個項目應該具有健身以外附帶的效益，例如兼有觀光或可以組成同好會，找到歸屬感等等。運動的效益不是只能健身——可以健身，追求自我，獲得同伴，增加精神健康，身心靈各種層次都可以獲得滿足，這樣才能啟動持續的動力。而這也是跑步機為什麼會被大多數人塞在角落的原因，因為它沒有附加效益。

此外大部分人都會覺得運動無趣而辛苦，要克服的關鍵不是尋找有趣的活動，而是如何把 Gamification （遊戲化）放進

運動中。遊戲、破關、成就，才會讓人一次又一次離開沙發。

騎車在上述條件中，「容易行動」這項不是最簡單的（因為你要先買車），但在二、三項（成績具體可見、有附帶效益）都有很高的分數，所以我可以多年來一直維持。

總之，最簡單的未必能夠長久維持，要持之以恆，不能仰賴意志力，你需要給自己足夠多的誘因，不管是遊戲化帶來破關的成就，或者附加產生的看風景效益，或拍出網紅等級「照騙」都是；缺少這兩種激勵，運動真的就很難變成習慣。

騎車和爬郊山，是我目前覺得最能達成上述三條件的項目，慢跑也不錯，入門簡單，但在附加效益上得分稍差。球類運動也不錯，但常常需要別人配合，一個人很難練。

附錄

單車出國旅行：
吳哥遺址單車指南

　　單車旅行不是只能在本國，你還可以出國騎車。

　　單車出國最常見的是「多日長途冒險旅行」，每天騎完預定進度，抵達不同目的地，投宿不同地點。台灣的環島，南北美的縱貫，橫跨歐亞的北京到巴黎，都是著名的長途路線。

　　另一種單車出國則是「多日定點旅行」，以一個城市為基地，定點停留，每天放射狀探訪周邊不同訪點，晚上回到固定旅館住宿。模式跟你平常在住家的每日騎行很像，只不過是在異國異域。

　　長途冒險旅行能夠穿越許多不同氣候、文化和地理環境，因此能夠碰觸許多無法想像，難以計畫的情境，有些會很驚險，有些則溫馨感人，適合具有冒險性格，又有獨行能力的人實行。多日定點旅行則是選擇一個重要的觀光城市，接近地毯式的騎行，更深入了解一個獨特地區的景觀與文化，適合想要深度旅行的人。本章先介紹吳哥地區的多日定點旅行。

▌世界遺產吳哥遺址區單車旅行

　　吳哥俗稱吳哥窟，不過吳哥遺址區主要是平原，幾乎沒有山，更沒有山洞，雖然有石雕，但沒有洞窟（不像龍門石窟或

雲崗石窟），所以本書以吳哥遺址區為定稱，簡稱吳哥。

　　吳哥遺址區最核心的範圍約十公里見方，涵蓋了百分之八十的遺址建築群，另外有三個遺址群（班帝斯雷，舊稱女王宮，羅洛斯以及崩密列）在三十至五十公里外，這種距離尺度特別適合單車定點旅行。前幾年我也注意到，觀光客到當地直接租用登山車的比例也越來越高。

吳哥遺址區最核心的範圍就在紅框圍繞的區域。

　　觀光客愛上單車的原因很簡單，因為十公里範圍對單車來說難度不高，行動效率跟搭乘機動車輛如嘟嘟車沒有太大差別，但自由度卻完全不同。騎車路上隨時可以停下來，看風景，拍照，與路人溝通，買路邊本地小吃，看扇椰子樹熬煉棕糖過程，或學本地人躺在吊床上吹風（吊床是吳哥浮雕上就可見的千年傳統），這些全是租嘟嘟車或參加旅行團無法實現的自由行樂趣。

　　還有一些路線則是連嘟嘟車都到不了的，譬如騎單車上大

吳哥城城牆，或環繞小吳哥護城河一圈，這些單車優勢可以讓你騎到傳統旅行無法抵達的地方。

　　我在吳哥地區騎過兩次，一次探路，另一次跟十餘位車友同行。兩次的經歷都很難忘。單車定點多日可以深入本地日常，更容易沉浸感受千年古城的滄桑。

單車更容易沉浸感受千年古城的滄桑。（攝影：邱振訓）

吳哥地區騎車注意事項

　　路況：吳哥雖然是世界聞名的觀光勝地，但除了主要幹道是柏油路面外，其他聯絡道路常常都是紅土路，即使是柏油路面也會因為維修欠佳而千瘡百孔，所以公路車絕對不適合在吳哥騎行，要自帶車的話優先考慮寬胎（一點五吋以上）的礫石車（但不建議自帶車，詳下）。

　　吳哥所屬的暹粒市內有幾家自行車出租店，車況不錯（都是捷安特油壓碟剎登山車），日租也便宜（單日五至八美元，二〇一九年價格），內含大鎖及安全帽，我兩次都是在當地租登山車，可以省去輾轉自備車的辛苦。

附帶說一下，單車騎到遺址建築前，要停在停車場，用大鎖鎖好即可，安全帽也可以掛車上，失竊率很低。你不可能牽車進小吳哥寺看浮雕，如果你的自備車比較貴重的話，這樣玩起來就會有點牽腸掛肚。

　　車燈：柬埔寨基礎建設不好，所以街燈只限市區會亮，通往遺址區的道路，就算是幹道，一到晚上也沒有照明，黑漆漆一片，所以自備大電量、高流明的車前燈非常重要，一定要自己準備好從台灣帶去，車行租的車不含前後燈，要買要加錢，要價不菲。

　　自備車燈一定要在出國前先測試可以亮足三小時，如果可以接行動電源更好。吳哥有很多夕陽點，古城日落，非常迷人，而看完日落天就黑了，所以記得上塔前要把車燈拆下帶著。回旅館道路全程無光，只靠車燈照明，不夠亮或半路沒電就會很麻煩。所以一定要測試可靠才帶出國，不要臨時買了，也沒測試就以為在異國可以使用。我的習慣是出國一定帶兩組前後燈，免得萬一故障求救無門。

　　騎車裝備：安全帽（車店也有附）、前後燈、水壺（兩個，車上一個，背包加一個，天氣非常熱水量要夠）、袖套、頭巾、口罩、防曬乳、防蚊液、輕量雙肩背包（會背一整天，不要用束帶型簡易背包），鮮豔車衣（跟古蹟灰色調顏色較易搭配）、涼鞋（進廟穿脫方便）、掛繩識別證套（放遺址區門票通行證，進出方便）。

　　氣候與觀光淡旺季：柬埔寨全年分為雨季（五至十月）和乾季（十一至四月），乾季少雨適合騎車，但同時也是觀光旺

季，熱門訪點經常人潮洶湧，幾乎會到摩肩擦踵的程度，事前探查避開旅行團的熱門時段很重要。雨季的下雨模式跟台灣夏日的午後雷陣雨很像，如果你可以接受每天下一陣的大雨，那麼淡季到吳哥，人少，旅費低，也是不錯的選擇。

吳哥的熱門景點因為太熱門，所以你排隊爬上滄桑遺址，看著人頭鑽動，還真的很希望能有人少的地方讓你感受獨立蒼茫的況味，而這個希望在旺季的幾個熱門景區幾乎是不可能的。

匯兌：暹粒及遺址周邊本地人普遍使用美金交易，商品也幾乎都用美金標價，所以到吳哥旅行，用美金就很方便，不需要再轉換為柬幣。

中餐：觀光團中午通常會回暹粒吃飯，單車團再回市區就有點遠了，所以中餐通常建議車友前一晚準備乾糧果汁隨身攜帶，中午在景區吃乾糧當午餐，可以省去找餐廳的周折，中午也是人潮最少的時候，吃完就逛更舒服。

▌吳哥簡介

吳哥文明是一個與水共生的文明。

遺址南邊的洞里薩湖，是東南亞最大的淡水湖，乾季面積有十個台北市那麼大（二千七百平方公里），雨季湄公河水灌入的湖中，湖面會暴漲六倍，淹沒四周低地，湖中魚蝦因為新水源主入而大量繁殖。而周邊農地也因為雨季而開始農耕。等到乾季來臨，湄公河水面下降，洞里薩湖水又退回湄公河，湖面縮小釋出耕地，這時候會有跟新年一樣重要的節日——送水

節，約在每年農曆十月第一個月圓日舉行，送水歸返大海，全國都有熱鬧慶典，水面則會舉行龍舟大賽。

送水節既感謝雨水的滋潤，為洞里薩地區帶來豐饒的魚產，也慶祝水稻收成，新的耕季再來。柬埔寨的建國神話就提到，住在洞里薩湖中的蛇王為了給女兒做嫁妝，一口吸乾湖水，變出了湖田。事實上柬埔寨國名的梵文來源，意義就是自水中來的土地。

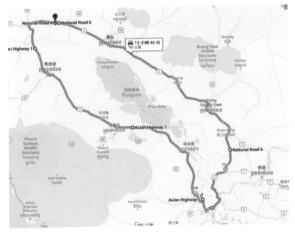

五號和六號環湖公路所圍繞的大圈，足以標誌雨季時洞里薩湖湖域最大的淹沒範圍。

吳哥王朝興起於八世紀末，時間長達六百餘年，中間興衰起伏多次，一四三一年暹邏人攻破大吳哥城，柬人棄守王都，遷至金邊，吳哥遺址區從此隱沒在熱帶叢林中，幾乎無人知曉。直到十九世紀法國探險家亨利穆奧在叢林中「重新發現」之前，這個遺址只在本地獵戶和東亞少數冒險家之間流傳。

十七世紀後東亞貿易圈內皆盛傳，沿著湄公河上溯，轉洞里薩湖北側暹粒河，最後可以在蠻荒叢林中看見佛陀成道的

「祇園」。現在小吳哥寺若干柱面還可見東亞諸國冒險商人和旅行者，在吳哥棄守後前往探險，在上面留下到此一遊的刻記。

吳哥寺第二進淨身池周邊石柱上，還留有當年東亞貿易線商人探訪吳哥的痕跡。這些漢字刻石或留詩在現代觀點當屬破壞古蹟，但從吳哥發現史來看，卻成為珍貴的紀錄，留下吳哥在東亞史源遠流長的傳說。（攝影：Rhea Tsao）

中文文獻則只限於十三世紀元朝使節周達觀派遣至吳哥歸國後所寫的《真臘風土記》。但幸好有了周達觀的著作，全世界甚至包括柬埔寨歷史學家因此可以了解在吳哥王朝的全盛時期，這裡的城市規模、人口、建築、經濟、文化、人民生活、語言風俗、王國氣派，還有本地物產等等風物記錄。這是關於吳哥王朝唯一流傳在世的同時代人的第一手觀察。

周達觀紀錄之翔實，譬如記氣候：「其地半年有雨，半年絕無，自四月至九月，每日下雨，午後方下。」跟現在吳哥的雨季型態分毫不差。

▌吳哥遺址建築基礎知識

遺址建築以印度教的宇宙觀為藍圖，圍繞城牆的方形護城河象徵神居四周的巨大海洋，五重尖塔象徵天神所居的須彌山，陡峭的台階代表仰之彌高的天界，讓觀者心懷戒懼。

吳哥遺址的寺廟群為什麼蓋得如此壯麗，又如此精雕細琢，原因跟印度傳來的宗教信仰，加上吳哥王朝獨特的傳位體系有關。跟據日本學者石澤良昭的研究，吳哥史上二十六任國王，只有八個王是父子或兄弟繼承，其他十六王都是憑武力打出來的江山，石澤因此認為吳哥王朝其實是一個王權基礎脆弱，各地諸侯虎視眈眈，每逢老王駕崩必然有一場繼位權大戰的王朝。國王用印度教神話強化自己的天命，用壯觀的建築震懾對手，身前作為國廟，死後則是陵寢。國力越強的國王，所蓋的寺廟越巨大、壯觀且精緻。

　　而這些壯麗輝煌的國廟宮殿則足以反證王權根基的脆弱。因為觀覷者眾，新王必須用盡一切手段展現壓倒性的氣勢，興建壯麗非凡、讓人仰之彌高的神山建築，請來天竺婆羅門祭司舉行神祕的神王合一祭典，透過濕婆或毗濕奴加持，讓人民與潛在政治對手仰觀巍然高聳的須彌山神界，而心懷畏懼，不敢有異心。

　　內在威望不足，就只能靠蓋出神山巨塔，加上鬼神信仰加持，每一任新王上任毫無例外，都要起造自己新的國廟，一座比一座壯麗，一座比一座繁複。今日我們所見的叢林遺址，就是吳哥王朝歷代國王為守護王權而做的努力。

▌參考行程

　　大部分旅行團都是三日行程，本書建議的是配合單車深度旅行的六日行程。入境當日下午若時間來得及，可以先去買次日啟用的門票，這樣第二天一早不用再專程跑一趟。如果入境

時間太晚，可以把底下 D4 行程調到 D1 來，因為 D4 早上行程較鬆，有時間買票。

以下行程只挑選當日最重要的訪點介紹，每個訪點周邊都有更多不同遺址，可以自行搭配。

D1：建築史：最早的遺址群

最早的遺址群在暹粒市東南約十五公里處，包括羅洛斯遺址群（普利可寺宗廟塔、聖牛寺）、巴孔寺（第一座廟山），以及未完工的洛雷寺。可以看見建築型制、材料、雕刻技藝的早期風格，與中後期差異不小，也可以看出吳哥國力和匠師處理堅硬石材能力的進步。

下午可以去洞里薩湖乘船，或者路邊選擇本地人習慣的午餐休閒模式，躺在吊床上吹風小憩。吊床在小吳哥的壁畫裡都看得到，吊床午休應該是吳哥千年的傳統了，值得一試，非常舒服。

D2：小吳哥寺：柬埔寨的象徵

整個吳哥遺址區最精美的寺廟，柬埔寨國旗上的圖案就是吳哥寺，這座寺廟可說是柬埔寨歷史傳承最光榮的標記，迴廊浮雕以氣魄宏大的史詩故事知名。吳哥寺值得花一整天在裡面細看。早上先看南迴廊，光線條件最好。

東門外的護城河小徑，嘟嘟車不通，是單車客的專屬祕徑。下午可以到西梅蓬人工湖邊體驗本地人的湖邊生活。

D3：大吳哥城：偉大的王城

吳哥城是王朝偉大的中興之主闍耶跋摩七世所建。縱橫三點

三公里見方，比舊台北城還要大四倍，是十二至十六世紀最繁華的大都會，周達觀看見的真臘就是在這個時期。吳哥城以高聳的四面佛像塔知名，由於闍耶跋摩七世改宗佛教，四個城門上方刻的是四面觀音像，中央的巴戎寺則經歷印度教廟宇和佛寺的時代轉變，因此本體是印度教，上面的佛像則是四面觀音。

大吳哥城中巨木蔽天。

吳哥城城門守衛的是坐在三首大象上的雷電戰神因陀羅，橫跨護城河的則是著名的「乳海攪拌」故事，善神與惡神拔河拉鋸以曼陀羅山為石磨的神話。四周城牆完整，單車可以上去騎一圈。

大吳哥城牆上的單車道。

　　這裡散佈著十餘座不同時期的宮殿和廟宇，中央的巴戎寺因為國王親民而刻畫了許多十三世紀吳哥人民的市井生活，捕魚、鬥豬、下棋、摔跤、雜耍、射鳥等場景（小遊戲：誰能找到一幅烏龜咬人屁股的浮雕）。過去廟宇是為神而建，吳哥城是為人民而建。

　　南門附近的巴賽增空塔，一定要留時間爬上去。現在整個遺址區因為安全顧慮，能夠讓人爬原始陡峭石階的高塔越來越少，巴賽增空塔人少、路近、階陡，值得上去感受一下吳哥神山塔型式的驚悚威力。（注意爬吳哥高塔，請遵守「三點不動，一點動」的攀岩誡律。）

D4：班帝斯雷（俗稱女王宮）：吳哥遺址的珍珠

　　三十公里，來回六十。班帝斯雷在一般旅行團通常排在「外圈」行程，一早看完還要再趕崩密列、羅洛斯才來得及回

市區晚餐，因此這裡早上最擁擠。單車團可以沿著六十七號公路悠哉騎行，路邊拍照，看路邊民家熬煉棕櫚糖的製作工序，順便買一些當零嘴，中午前趕到，正是觀光團都離開的時刻。

班帝斯雷以精緻絕美的粉紅色砂岩浮雕著稱。最好查一下印度神話故事的情節，對應浮雕看起來更有感覺。回程取道六六、八一〇公路，可以看到一望無際的稻田和村落。

D5：塔普倫寺及周邊 +ZipLine

塔普倫寺因為安潔莉娜裘莉主演的電影「古墓奇兵」而變成觀光客朝聖的熱點，不過如果你能在早上七點進入寺區，仍然能夠避開洶湧的大巴人潮，親炙這個以巨樹抱石纏繞石塔知名的訪點。

附近有 ZipLine 經營的叢林飛索，滑索高架在吳哥巨大的熱帶雨林樹冠層，壯碩高聳的熱帶雨林巨木特別罕見，可以體驗穿梭在熱帶巨木的高聳林隙的刺激感。

D6：崩密列：遺址區極少數維持崩壞狀態的寺廟

五十公里路程，建議一早租嘟嘟車把單車連人載送至崩密列遺址區，看完以後再原路騎車返回。

　　回程可經過大仙女寺，由台灣團（就是我的車友團啦）中文命名的遺址，比崩密列規模小，但維持更原始的崩壞狀態。

▍落日點推薦

　　吳哥遺址區由於午後容易出雲，所以非常適合欣賞日落及日落後的晚霞（約日落後十五分左右）。不管是水面映照的黃昏，或者坐在遺址區觀看古城暮色，景象都非常動人。每日行程最後安排一個日落點，看著昔日輝煌墜入日落餘暉，充滿濃稠的歷史感，絕對是一天最佳的收場。落日點如下：

1. 變身塔 Pre Rup（找石獅搭配做剪影很美）
2. 大吳哥城城牆西南角單車道
3. 皇家浴池日落（有大水面反射晚霞）

4. 巴肯山（人太多了，不推薦）

5. 西梅蓬島（在西巴萊湖中）

補充：一般旅行團會推薦看小吳哥日出。但一方面要趕在日出前一小時就要摸黑出門，二方面我看過兩次覺得見面不如聞名，所以不特別推薦。

特別提醒：看完日落後的晚霞，通常已經天色大暗，回旅館就是摸黑騎車，頭尾車燈切記，非常重要。

▌必備讀物

想要深入理解吳哥建築與藝術，一定要熟印度史詩神話，神話故事浮雕刻在迴廊、圍牆、門楣、立柱上，有些表現神話故事的戲劇性，有些誇示國王戰功，有些表現市井生活，有些帶有寓意，有些則具有門神守衛性質。以下介紹兩本書，對吳哥深度旅行很有幫助。

1. 《吳哥深度導覽：神廟建築、神話傳說、藝術解析 》張韻之著，貓頭鷹出版

2. 《追尋印度史詩之美 》貓頭鷹編輯室、潘俊琳著，貓頭鷹出版

工商服務

周周來騎車

周周來騎車：單車、自行車、公路車老手與新手的社團

🌐 公開社團 · 2,664 位追蹤者

👥 追蹤中 ▾　＋ 邀請　∨

　　我在臉書成立「周周來騎車：單車、自行車、公路車老手與新手的社團」社團已經有好幾年，帶團、組織、規畫、探路，是這幾年來每天的日常，至少協助數百人次新手車友開始愛上單車，以下專長可以提供有需求的組織多多利用：

　　1. 培訓：如果你的組織想成立單車社團，歡迎找我擔任指導教練，協助培訓社團內相關人員具備足夠的規畫、認路、維修，與協助新手上路的能力。

　　2. 單車團建規畫：以單車作為 Team Building 活動的工具，促進公司人員情感，增加合作默契，培養團隊精神。

3. 主題演講： 如果單車這個既健康又有益身心的運動，正是你的公司、機構、部門需要的，歡迎找我演講以下主題：

◎ 開拓視野的運動，強化身心的旅行：運動型單車的魅力（一‧五小時）

◎ 山水台北城：怎樣用單車認識家鄉（一‧五小時）

◎ 世界遺產吳哥單車旅行（一‧五小時）

歡迎手機掃碼加入「周周來騎車：單車、自行車、公路車老手與新手的社團」。

掃QR

探路台北：大台北公路車深度旅行

作　　　者—陳穎青（老貓）
主　　　編—林正文
行銷企劃—陳玟利
封面設計—林采薇
美術編輯—李宜芝

董 事 長 －趙政岷
出 版 者 －時報文化出版企業股份有限公司
　　　　　108019台北市和平西路三段二四〇號七樓
　　　　　發行專線—（〇二）二三〇六六八四二
　　　　　讀者服務專線—〇八〇〇二三一七〇五
　　　　　　　　　　　（〇二）二三〇四七一〇三
　　　　　讀者服務傳真—（〇二）二三〇四六八五八
　　　　　郵撥—一九三四四七二四時報文化出版公司
　　　　　信箱—一〇八九九台北華江橋郵局第九九信箱

時報悅讀網—http://www.readingtimes.com.tw
法律顧問—理律法律事務所 陳長文律師、李念祖律師
印　　　刷—和楹印刷有限公司
一版一刷—二〇二二年十二月
定　　　價—新台幣四八〇元
（缺頁或破損的書，請寄回更換）

時報文化出版公司成立於一九七五年，
並於一九九九年股票上櫃公開發行，於二〇〇八年脫離中時集團非屬旺中，
以「尊重智慧與創意的文化事業」為信念。

探路台北：大台北公路車深度旅行/陳穎青著. -- 一版. -- 臺北市：時報
文化出版企業股份有限公司, 2022.12
　　面；　公分

ISBN 978-626-353-220-5(平裝)

1.CST: 腳踏車旅行 2.CST: 臺北市

733.9/101.6　　　　　　　　　　　　　　111019303

ISBN 978-626-353-220-5
Printed in Taiwan